Mirjam Marits

Clemens Fabry

Raus aus der Stadt!

Die schönsten Familienausflüge **rund um** WIEN

Styria Verlag

Raus aus der Stadt
Ausflugsziele

1 Erlebnispark Gänserndorf
2 Eisenbahnmuseum Strasshof
3 Museumsdorf Niedersulz
4 Blumengärten Hirschstetten
5 Bauernhof NaLeLa
6 Nationalpark Donau-Auen
7 Lamawandern, Donnerskirchen
8 Birdwatching Seewinkel
9 Burg und Reptilienzoo Forchtenstein
10 Zinnfigurenwelt Katzelsdorf
11 Schloss und Park Laxenburg
12 Pfaffstättner Kogel
13 Seegrotte Hinterbrühl
14 Naturpark Sparbach
15 Tropfsteinhöhle Alland
16 „Museum Niederösterreich“
17 Freizeitgelände Hubhof
18 Kittenberger Erlebnisgärten
19 Amethystwelt Maissau
20 Heldenberg
21 Wildpark Ernstbrunn
22 Fossilienwelt Weinviertel
23 Schloss Ruegers/Burg Hardegg
24 Mountaincart Gemeindealpe
25 Eibl Jet Türnitz/Weißer Zoo Kernhof

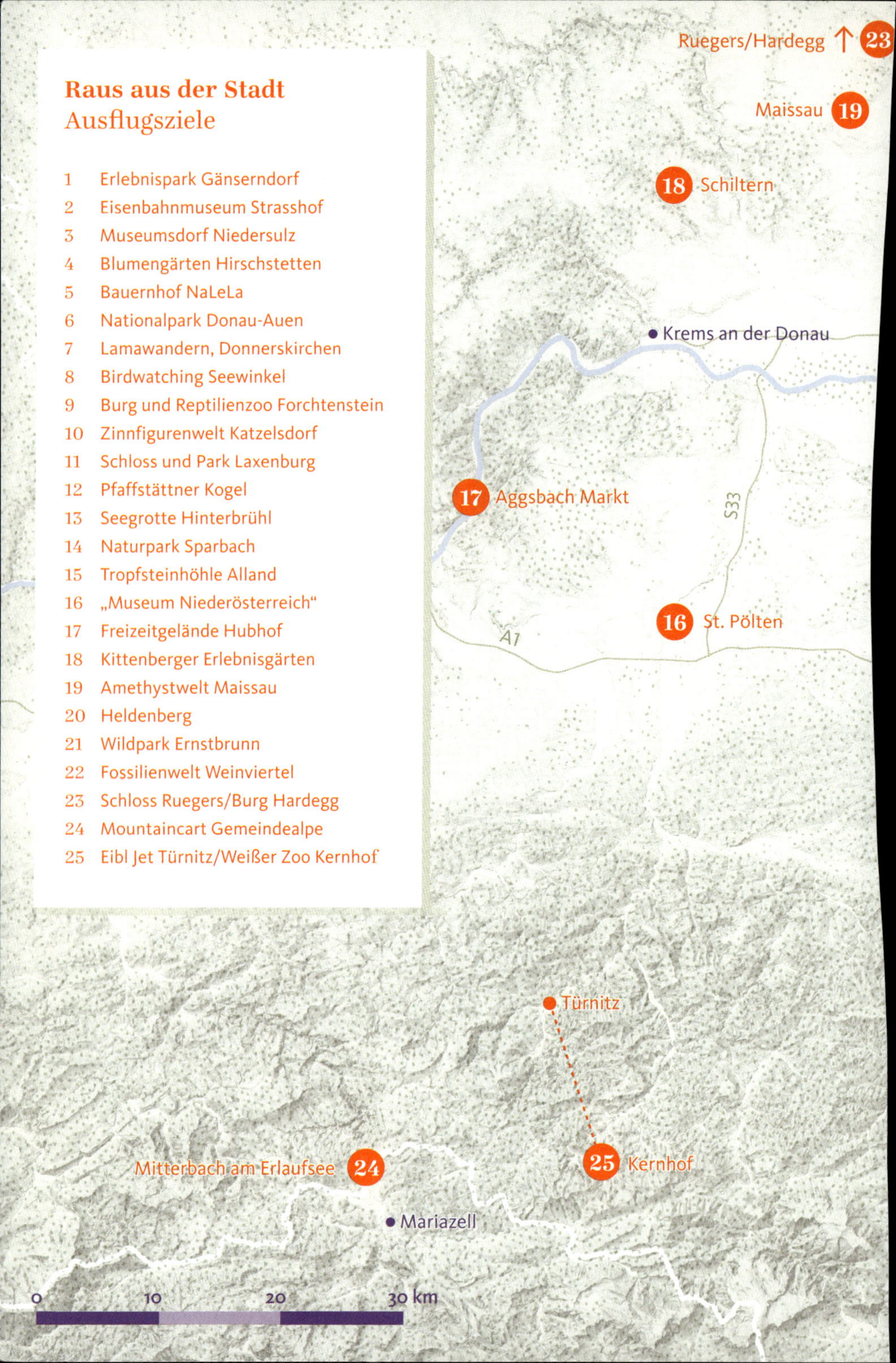

N
W
O
S
21
Ernstbrunn
20 Kleinwetzdorf
A5
3 Niedersulz
S3
Stockerau
S5
22 Stetten
S1
Korneuburg
1 Gänserndorf
Strasshof 2
A22
4
5
WIEN
A1
6 Orth an der Donau
A4
A21
Hinterbrühl 13
Mödling
Alland 15
14 Sparbach
11 Laxenburg
12
Pfaffstätten
A3
A2
Donnerskirchen 7
Eisenstadt
Frauenkirchen 8
Wiener Neustadt
10 Katzelsdorf
S31
9 Forchtenstein

INHALT

VERWENDETE SYMBOLE

- **Auch bei Schlechtwetter**
- **Kinderwagentauglich**
- **Gastronomie vor Ort**
- **Gut mit Öffis erreichbar**

Sind wir BALD da?

EINLEITUNG

„SIND WIR BALD DA?“

„Ich habe Hunger. Und Durst. Wie lange fahren wir noch?“
Ausflüge mit Kindern können wunderbar sein, aber auch ziemlich anstrengend. Als Mutter einer Tochter beziehungsweise Vater eines Sohnes wissen wir das aus erster Hand. Das beginnt schon bei der Anreise: Dauert die zu lange, kommt man meist schon unentspannt an. Und dann das Ausflugsziel selbst: Eine kleine Wanderung im Wald mag für die Eltern erholsam sein, für die Kinder wird sie nicht selten schnell langweilig. Oder anstrengend. Oder beides.

„Ich mag nicht mehr. Ich will nach Hause!“
Dann wieder gibt es Ausflugsziele, die Kindern sehr gefallen, Erwachsene aber unendlich erschöpfen. Wer schon einmal am Wochenende ein paar Stunden bei erstaunlich hohem Lärmpegel in einem überfüllten Indoorspielplatz verbracht hat, weiß, was gemeint ist. In diesem Buch haben wir eine Reihe von Ausflügen zusammengestellt, die, wie wir hoffen, tatsächlich für die ganze Familie geeignet sind und allen – vom Kleinkind bis zu den (Groß)Eltern – Spaß machen. Die empfohlenen Ausflugsziele liegen zudem nahe bei Wien. Mit einer Fahrzeit von durchschnittlich einer Stunde eignen sie sich bestens für einen Tagesausflug. Bei einigen wenigen ist die Fahrzeit etwas länger, zu anderen ist man sogar deutlich kürzer unterwegs.

„Wie lange müssen wir noch fahren?“ – „Nicht mehr lange, Kinder.“
Tatsächlich findet sich in der Nähe von Wien eine breite Auswahl an Ausflugsmöglichkeiten. Sportliche Familien können sich im 3D-Bogenschießen probieren oder mit dem Mountain-Cart einen Berg hinuntersausen. Abenteuerlustige Eltern und Kinder erkunden eine Höhle, besteigen eine Ruine oder probieren aus, wie es sich im Führerstand einer historischen Dampflok anfühlt. Es gibt auch ausreichend Möglichkeiten

für gemütliche und doch spannende Spaziergänge, bei denen man Wildschweine und andere Tiere aus der Nähe beobachten kann – oder man erkundet ein kleines Museum mit Tausenden Zinnfiguren. Man kann aber auch Lamas spazieren führen oder Vögel mit dem Fernglas beobachten.

„Oje, es regnet!" – „Macht nichts!"
Ausflüge, die sich besonders für Schlechtwettertage eignen, sind eigens gekennzeichnet – was nicht heißt, dass man die anderen nicht auch bei leichtem Regen mit entsprechender Outdoorkleidung besuchen kann.

„Ich habe Durst, Mama!" – „Kein Problem!"
Und weil jeder, der mit Kindern unterwegs ist, weiß, wie schnell die Laune kippt, wenn die Jause aufgegessen ist und man keine Möglichkeit vor Ort findet, um Nachschub zu kaufen, sind Ausflugsziele mit Gastronomie ebenfalls ausgewiesen.

„Ich bin müde, Papa!" – „Dann ab in den Kinderwagen!"
Gekennzeichnet sind auch jene Ausflugsziele, zu denen man problemlos den Kinderwagen mitnehmen kann.

Raus aus der Stadt begeben sich viele Familien nach wie vor mit dem Auto. Es geht aber in vielen Fällen auch öffentlich: Ausflugsziele, zu denen die Anreise mit Zug, S-Bahn oder Bus unkompliziert und flott geht, sind ebenfalls extra ausgewiesen.

Die angegebenen Eintrittspreise und Öffnungszeiten sind mit Stand Jänner 2018 zu verstehen. Änderungen sind natürlich möglich – ein Blick auf die Homepage des jeweiligen Ausflugsziels empfiehlt sich jedenfalls, ehe man sich auf den Weg macht. Wenn Führungen oder Touren vorab reserviert werden müssen, ist dies bei den jeweiligen Kapiteln ebenfalls vermerkt.
Und dann los. Raus aus der Stadt.
„Sind wir bald da?" – „Ja, ganz bald."

Mirjam Marits, Clemens Fabry

und jetzt
RAUS!
zu 25 spannenden
Ausflügen

– 1 –

ERLEBNISPARK GÄNSERNDORF

BOGENSCHIESSEN, BALANCIEREN UND IN DEN BAUMWIPFELN KLETTERN

Ein großer Park, in dem es wirklich viel zu tun gibt. Faul sein kann man anderswo. Im Erlebnispark Gänserndorf ist die ganze Familie in Bewegung – sogar Jugendlichen wird hier nicht langweilig.

Was wollen wir zuerst machen? Uns hinauf in den Waldklettergarten wagen und auf bis zu elf Metern Höhe zwischen den Bäumen klettern? Oder doch zuerst Bogenschießen? Nein, lieber zu den Hennen und Ziegen in den Streichelzoo! Es ist durchaus denkbar, dass man sich nicht gleich einigen wird, womit man den Tag im Erlebnispark Gänserndorf beginnt. Viel gibt es hier zu tun, und zwar nicht nur für Kinder: Wer als Erwachsener in der Regel lieber nur am Spielplatzrand oder in der Kletterhalle steht und zusieht, wie die Kinder sich austoben, ist hier falsch. Der Erlebnispark ist auch für Erwachsene gedacht – man kann hier etwa auch Firmenfeiern mit einem Aktivprogramm abhalten.

Das Allerbeste: Auch wenn hier viel los ist, verteilen sich die Besucher auf dem riesigen Areal so gut, dass längere Wartezeiten praktisch nicht zu erwarten sind. Wer schon einmal in Themenparks 30 Minuten und mehr angestanden ist, um eine bestimmte Attraktion auszuprobieren, weiß das zu schätzen. Der Erlebnispark liegt, sehr nahe bei Wien, auf dem Areal des ehemaligen Safariparks Gänserndorf, an den sich die Großeltern- und

◀ *Im Waldklettergarten ist man gut gesichert auf einer Höhe von vier bis elf Metern unterwegs.*

vielleicht auch die Elterngeneration noch bestens erinnern wird. Wo ab den 1970er-Jahren Besucher in Bussen und Autos – und zwischendurch auch in den Zügen der eigens konstruierten Waldbahn – durch den Park fuhren, um Tiere wie Elefanten und Löwen zu beobachten, gibt es heute, mit Ausnahme der Lamas, keine exotischen Tiere mehr. Nach dem Konkurs des Safariparks war die Zukunft des Areals lange ungewiss. Ein Teil des früheren Safariparks ist heute nicht mehr zugänglich: Hier werden ehemalige Versuchsaffen eines Pharmaunternehmens vom Gut Aiderbichl versorgt. Der größte Teil des Areals, 15 Hektar nämlich, wurde in den 2011 eröffneten, sehr empfehlenswerten Erlebnispark umgewandelt, dessen Konzept es zumindest in Wien-Nähe in dieser Form kein zweites Mal gibt.

DER BOGENWART ERKLÄRT, WIE ES GEHT

Wo also anfangen? Vielleicht gleich beim **3D-Bogenschießen,** an dem Kleinkinder allerdings noch nicht teilnehmen können. Für sie gibt es Pfeile und Bogen aus Plastik mit Saugnapf und kleine Zielscheiben. Ab dem Volksschulalter dürfen die Kinder schon „richtig“ mitmachen und bekommen echte Bögen und Pfeile, wenn auch in kleinerer Ausführung als die Erwachsenen. Los geht es aber zuerst einmal an einer Reihe von

▼ *Schon Kinder im Volksschulalter können beim 3D-Bogenschießen mitmachen.*

Vorab ausprobiert wird das Bogenschießen an Zielscheiben.

Zielscheiben, bei denen der betont coole Bogenwart erklärt, wie man den Bogen richtig hält, wie man zielen muss und in welcher Position man richtig steht. Und dann zielt man das erste Mal – und schießt. Anstrengender, als man glauben würde, ist dieser Sport, der bei Profis so elegant und leicht aussieht, aber auch für Kinder durchaus machbar. Auch wenn sie die Zielscheibe und später die 3D-Ziele nicht immer treffen, können sie doch halbwegs mithalten und haben ihren Spaß.

Der Bogenwart weist Kinder auch auf die wichtigste Regel hin: Erst wenn alle auf ein Ziel geschossen haben, werden die Pfeile wieder eingesammelt, und zwar gemeinsam. Daran muss man jüngere Kinder durchaus immer wieder erinnern, denn ganz ungefährlich ist dieses Abenteuer natürlich nicht. Mit Kindern, die sich an diese Regel nicht halten und eventuell unkontrolliert loslaufen, während ein anderer zielt, ist die Bogensafari nicht empfehlenswert.

Ansonsten aber: Beide Daumen hoch. War man als friedliebender Mensch anfangs ein wenig gehemmt, gemeinsam mit seinen Kindern auf Tiere zu zielen, auch wenn diese nur aus Plastik sind, muss man doch einräumen, dass das ziemlich Spaß macht. Man spaziert von Station zu Station, sucht das nächste Tier, auf das man zielen soll – Bären, Füchse, Biber – und macht dabei einen längeren Spaziergang durch den Wald und über Wiesen. Will man alle Ziele ausprobieren, muss man hier locker eine Stunde einplanen. Hat man die Ausrüstung wieder zurückgegeben, geht es weiter.

Wer schon eine kleine Pause braucht, kann sich in dem kleinen Lokal mit nettem Gastgarten stärken, hier gibt es Pommes, die genauso schmecken wie im Schwimmbad, ziemlich guten Kuchen und Kaffee, die Kinder können derweil in Sichtweite einen von mehreren Kletterparcours (allerdings nicht in luftiger Höhe, sondern am Boden) ausprobieren.

▲ *Ab einer Größe von 120 Zentimetern können auch Kinder einen der Parcours des Klettergartens absolvieren.*

FÜR GROSS UND KLEIN IST WAS DABEI

Überhaupt hat der Erlebnispark einen großen Vorteil: Man kann sowohl Kleinkinder als auch die Großeltern problemlos mitnehmen. Je nach Können und Alter kann man für jedes Familienmitglied eine andere Eintrittskarte kaufen. Kleinere Kinder werden mit dem Streichelzoo und den vielen ohne weitere Kosten verfügbaren Spielgeräten, der Sandkiste und den Rutschen zufrieden sein, für sie braucht man keine teurere Karte, mit der man die 3D-Bogensafari oder das Offroad-Segway-Fahren ausprobieren kann.

Auch der riesige Waldklettergarten, auf dem man neun ver-

◄ *Ziegen füttern beim Streichelzoo*

Gleichgewicht trainieren im Niedrigklettergarten

schiedene Parcours in einer Höhe zwischen vier und elf Metern absolviert und zwischendurch 550 Meter auf der Flying-Fox-Anlage durch den Wald segelt, wird vielleicht nicht jedem behagen. Kinder unter 120 cm Körpergröße dürfen sowieso noch nicht mit hinauf und auch nicht alle älteren Besucher werden sich in die Baumwipfel wagen. Für sie gibt es eben auch die Niedrigklettergärten, in denen man Gleichgewicht und Geschicklichkeit in Bodennähe ausprobieren kann.

Gar nicht so leicht, aber lustig: Gummistiefelgolf

GUMMISTIEFELGOLF? GUMMISTIEFELGOLF!

Das Areal ist eigentlich ein riesiger Park mit kleineren Waldabschnitten. Das einzige Minus: Es gibt zu wenige WC-Anlagen. Zwischen den großen Stationen wie dem Waldklettergarten lassen sich auch andere Stationen entdecken, wie zum Beispiel Gummistiefelgolf. Gummistiefelgolf? Wer mit der Idee, mit Gummistiefeln auf Scheibtruhen zu zielen und in Fässer zu treffen, nichts anfangen kann, hat es wahrscheinlich noch nie ausprobiert. Es macht erstaunlich viel Spaß und ist auch schwieriger, als man denken würde. Ähnliches gilt für das **Disc-Golf** gleich daneben: Hier versucht man, mit Frisbees in Metallkörbe zu treffen. Das gelingt den meisten Kindern, aber auch vielen Erwachsenen kaum. Macht aber nichts, mit Frisbees durch die Gegend schießen macht auch ohne Erfolge viel Spaß.

Hinter dem Streichelzoo liegen dann zwei Angebote, die eher nur für ältere Kinder und Erwachsene gedacht sind, was den Erlebnispark zu einem jener (wenigen) Ausflugsziele macht, bei dem sich auch Teenager nicht langweilen werden.

Bestens geeignet dafür ist das **Outdoor-Lasertag,** das allerdings nur in der größeren Gruppe Spaß macht. Ausgestattet mit Plastikstirnbändern und -gürteln versucht man, das andere Team mit einem waffenähnlichen Gerät, dem sogenannten Tagger, möglichst oft zu treffen. Geschossen wird aber nicht wirklich, man „schießt" vielmehr gebündelte Infrarotstrahlen, die von den Geräten am Körper als Treffer erfasst werden. Um zu verhindern, dass man selbst getroffen wird, geht man hinter Mauern und Gegenständen in Deckung. Lasertag mag, ähnlich wie 3D-Bogenschießen, nicht allen behagen. Wer aber die jugendlichen Mädchen beobachtet, wie sie nach anfänglicher Hemmung zwischen den Hindernissen auf die Lauer und in Deckung gehen, muss einräumen, dass es ziemlich unterhaltsam ist.

Nicht jedermanns Sache ist wohl auch das **Segway-Fahren,** das hier in einer **Offroadvariante** angeboten wird. Man fährt, ausgestattet mit einem Helm, über ein nicht ganz ebenes Gelände. Kinder ab zehn Jahren und 140 cm Körpergröße können schon mitmachen. Das sieht nicht besonders elegant aus, macht aber Spaß. Wem das nicht zusagt, der kann ein paar Meter weiter inzwischen das **Slacklinen** ausprobieren – zwischen Bäumen wurden breite Seile gespannt, auf denen zu balancieren für den ungeübten Besucher gar nicht so einfach ist. Dankenswerterweise gibt es hier Seile von oben, an denen man sich anhalten kann, was das Ganze wesentlich erleichtert. Während man hier immer wieder das Gleichgewicht verliert, sieht man in der Ferne eine Runde Besucher mit Lamas die Wege entlangspazieren: Denn auch **Lamatrekking** gibt es hier, allerdings kostet das nicht nur extra, man muss es auch vorab buchen. Dazu sollte man mindestens zu

Jugendlichen gefällt vor allem das Lasertag.

Entspannend: eine Runde mit den Lamas spazieren gehen

dritt sein und für eine Schnupperwanderung eine, für eine richtige Wanderung zwei bis drei Stunden einplanen. Mit oder ohne Lamatrekking vergeht der Tag jedenfalls sehr schnell. Ganz billig ist der Ausflug nicht, wenn man alles ausprobiert: Für sehr aktive Familien könnte die Jahreskarte durchaus eine gute Option sein.

ERLEBNISPARK GÄNSERNDORF
Siebenbrunnstraße 25
2230 Gänserndorf
Tel.: +43/(0)2282/799-88
E-Mail: office@erlebnispark-gaenserndorf.at
www.erlebnispark-gaenserndorf.at

Geöffnet: Juli und August: täglich 10 bis 18 Uhr. April, Mai, Juni, September und Oktober: Sa, So, an Fenstertagen von 10 bis 18 Uhr, Fr von 13 bis 18 Uhr

Eintritt: nur Park 6 Euro für Erwachsene und Kinder ab drei Jahre;
Abenteuerkarte (6 bis 10 Jahre): Park sowie Waldklettergarten und 3D-Bogenschießen: 22 Euro;
Abenteuerkarte (ab 10 Jahre): Park sowie Waldklettergarten, 3D-Bogenschießen, Offroad-Segway: 28 Euro
Ponyreiten, Lamatrekking und Lasertag kosten extra. Detaillierte Informationen dazu auf der Homepage.

2143 070-7

– 2 –

EISENBAHNMUSEUM „DAS HEIZHAUS“ IN STRASSHOF

VIEL RUSS UND DAMPF AUF EINER NOSTALGISCHEN ZEITREISE

So viele Züge an einem Ort: von winzig kleinen Modellbahnen bis zu riesigen, historischen Loks, in denen man sogar im Führerstand mitfahren darf. „Das Heizhaus“ in Strasshof mit seinem riesigen Areal und den vielen Stationen macht nicht nur Eisenbahnliebhaber glücklich.

Die, die gerade erst gekommen sind, erkennt man an den sauberen Gesichtern. Die anderen, die schon länger da sind, sehen etwas anders aus: Spuren von Ruß auf der Stirn, den Wangen und auch auf dem Gewand zeugen davon, dass sie den alten Dampfloks, die hier unermüdlich hin und her tuckern, ziemlich nahegekommen sind.

Denn beim **„Andampfen“** Anfang April, der Saisoneröffnung, zeigt das Eisenbahnmuseum „Das Heizhaus“ in Strasshof an der Nordbahn, was es hat. Und das sind viele historische Züge, Lokomotiven wie Wagons, anhand derer sich die Geschichte der Eisenbahn in Österreich erzählen lässt. Nicht nur beim Andampfen, auch an den **Dampfbetriebstagen,** die auf der Homepage des Eisenbahnmuseums aufgelistet sind, werden die teils mehr als 100 Jahre alten Dampfloks in Betrieb genommen: Besucher

◄ *Andampfen: der große Tag im „Heizhaus Strasshof“*

Hier können Besucher mitfahren.

Blick auf einige der fahrbereiten Züge

können dann im Führerstand mitfahren und sich dabei von den – sehr engagierten und stolzen – Mitarbeitern erklären lassen, wie die Technik einer Dampflok funktioniert.

Betrieben wird das Museum nämlich ehrenamtlich von Mitgliedern des „1. österreichischen Straßenbahn- und Eisenbahnklubs", die das Museum 1984 eröffnet und davor erfolgreich verhindert haben, dass der einstige Verschubbahnhof Strasshof abgerissen wird. Die passionierten Mitarbeiter können dabei nicht nur die komplizierten Fragen der Auskenner – und derer gibt es nicht wenige unter den Besuchern – beantworten, sondern auch Laien und Kinder gut in die Materie einführen. Die Fahrt ist zwar kurz, aber sehr begehrt: Mitunter muss man etwas warten, es lohnt sich aber auf jeden Fall. Wie oft kann man schon im Führerstand einer restaurierten Dampflok mitfahren oder in alten Triebwägen mit Dieselantrieb?

NOSTALGISCHER AUSFLUG

Wenn es hier also permanent pfeift und rattert, die imposanten schwarzen Loks vorbeistöhnen und ächzen, und dabei so viele dicke Rauchwolken in den Himmel pusten, dass man die Sonne bald nur noch erahnt, ist das zweifellos ein ziemliches Spektakel. Selbst wenn man sich nicht übertrieben für Züge interessiert. Es ist jedenfalls ein nostalgischer Ausflug in das ansonsten wenig schmucke Strasshof, der vor allem Väter und ihre Söhne anzuziehen scheint, obwohl natürlich auch Frauen und Mädchen hierher- oder mitgekommen sind. Den größten Teil der Besucher machen aber Männer aus, viele mit schweren Fotoapparaten, Kameras oder gar mit alten Videokameras aus den 1980er-Jahren ausgerüstet, die die Fahrten der historischen Loks in voller Länge mitfilmen.

Aus Familiensicht ist einer der großen Pluspunkte des Eisenbahnmuseums, dass hier sehr viel erlaubt ist: Wo sonst darf man über Gleise laufen, in Züge klettern, durch alte Waggons spazieren und alles angreifen? Für Kinder ist das 85.000 Quadratmeter große Gelände auch ein riesiger Abenteuerspielplatz. Unbeaufsichtigt sollte man die Kinder aber ob der vorbeifahrenden Züge trotzdem keinesfalls lassen, auch wenn die Mitarbeiter sehr achtsam sind und aufpassen, dass sich niemand auf den Gleisen befindet, wenn ein Zug naht.

Wer will, kann scheinbar endlos an Schienen entlangspazieren, auf einen alten Bahnübergang hinaufklettern und die darunter durchfahrenden Züge von oben beobachten. In unmittelbarer Nähe des Bahnübergangs befindet sich die **alte Drehscheibe des Betriebsgeländes,** die zu bestimmten Zeiten in Betrieb genommen wird: Diese diente früher zum horizontalen Drehen und Rangieren von Dampfloks.

Auf dem Gelände kommt man immer wieder an abgestellten Garnituren vorbei, einige werden die Eltern wiedererkennen, sind sie damit doch selbst noch in den 1980er-Jahren mitgefahren. Einige Zuggarnituren sind sichtlich verrostet, andere wurden schon aufwendig hergerichtet. Darunter die legendäre Dampflok der Baureihe 310, die im Jahr 1911 mit 100 Stundenkilometern das schnellste Fortbewegungsmittel der Monarchie und sogar bis 1957 in Betrieb war. Für Eisenbahnliebhaber, die es noch genauer wissen wollen: Beim Triebwerk handelt es sich um ein Vierzylinder-Heißdampf-Verbundtriebwerk mit bis zu 1800 PS und 400 Tonnen Zugkraft. 90 Stück der Lok wurden seinerzeit gebaut. Nach dem Zweiten Weltkrieg übernahmen die ÖBB fünf dieser Loks, in einer kann man heute noch in Strasshof im Führerstand mitfahren. Der unglaubliche Durchmesser des Treibrads – 2,14 Meter – beeindruckt wahrscheinlich jeden Besucher.

MODELLBAHNEN ZUM SELBSTSTEUERN

Auch an normalen Öffnungstagen lässt sich hier viel entdecken, wenn auch zweifellos das An- und Ausdampfen (Letzteres ist das Saisonende, traditionell am Nationalfeiertag) und die Dampfbetriebstage die besten Möglichkeiten sind, um das „Heizhaus“ zu besuchen.

In den Betrieb des Museums haben die Mitglieder zweifellos viel Freizeit investiert und mehrere Stationen errichtet, die man der Reihe nach anschauen kann. Viele davon sind im Freien. Andere, darunter zig historische Zuggarnituren, die in der großen **alten Heizhaushalle** lagern, befinden sich im Inneren. Sollte also plötzlich Regen einsetzen, muss man den Besuch nicht hektisch abbrechen. So gibt es gleich beim Eingang ein paar Räume, in denen mehrere liebevoll gestaltete **Modellbahnwelten** (für Kenner: der Größe HO) darauf warten, dass man den Zügen beim Rundendrehen zusieht, die entzückenden Miniaturlandschaften betrachtet und dabei das eine oder andere Detail entdeckt: eine Pferdekutsche hier, ein Feuerwehreinsatz da, eine Seilbahn und allerlei Tiere. Bei einer dieser Modellbahnlandschaften ist es sogar möglich, gegen Münzeinwurf die Züge mit einem Regler selbst zu steuern. Gut möglich also, dass die Kinder hier ein bisschen länger stehen bleiben wollen und sich darum streiten, wer als Nächstes welchen Zug fahren lassen darf.

WIE EIN RIESE AUF EINEM MINIZUG

Hat man es nach draußen geschafft, wartet nur ein paar Meter weiter im Freien mit einer **LGB Gartenbau** eine deutlich größer dimensionierte Anlage: Auch hier kann man die Zuggarnituren selbst steuern. Und gleich gegenüber wird es dann noch mal ein Stück größer, hier kann man mit der **Gartenbahn** selbst auf (immer noch ziemlich kleinen) Zügen Platz nehmen, sich als Erwachsener ein bisschen wie ein deplatzierter Riese fühlen und eine Runde mitfahren. Eine der nettesten Stationen hier im „Heizhaus“, ideal auch für kleinere Kinder, die noch nicht die Ausdauer haben, um von den kleineren Modellbahnen uneingeschränkt fasziniert zu sein. In einem alten Eisenbahnwaggon kann man zu-

◄ *Eine der vielen Modellbahnanlagen*

dem noch eine Modellbauanlage der Größe N entdecken, bei der die Züge tatsächlich winzig klein und nicht viel größer als ein Daumen sind. Auf der Runde durch das große Areal, das abseits der erwähnten Stationen teils wild verwachsen ist und sehr abenteuerlich wirkt, gibt es auch eine große Station, an der man **Modelltruckern** beim Lenken ihrer Trucks und Bagger zuschauen kann.

Da das Eisenbahnmuseum wie erwähnt von ehrenamtlichen Mitarbeitern in ihrer Freizeit betrieben wird, lässt sich der Betrieb natürlich nicht mit einem professionell geführten Museum vergleichen. Am Buffetwagen etwa steht man an den belebten Tagen mit etwas Pech sehr lange an. Eine Jause mitzunehmen ist auf jeden Fall eine gute Idee. Dafür ist hier alles sehr entspannt und vieles erlaubt. Eine so große Anzahl Loks und Waggons sieht man sonst nicht so schnell an einem einzigen Ort. Und mit einer dünnen Rußschicht im Gesicht und auf der Kleidung kommt man sonst auch nur selten nach Hause.

EISENBAHNMUSEUM „DAS HEIZHAUS“
Sillerstraße 123
2231 Straßhof an der Nordbahn
Tel.:+43/(0)2287/3027-11
E-Mail: office@eisenbahnmuseum-heizhaus.com
www.eisenbahnmuseum-heizhaus.com

Geöffnet: Sommersaison (1. April bis 26. Oktober) Di bis So sowie an Feiertagen 10 bis 17 Uhr.
Wintersaison (27. Oktober bis 23. Dezember sowie 4. Februar bis 31. März) Sa und So von 10 bis 17 Uhr (allerdings kein Fahrbetrieb und keine Modellbahnen).

Eintritt an normalen Tagen:
Erwachsene 7 Euro, Kinder 3,50 Euro, Familien 17,50 Euro.
Fahrbetriebstag: Erwachsene 8 Euro, Kinder 4 Euro, Familien 20 Euro.
Dampfbetriebstag: Erwachsene 9,50 Euro, Kinder 4,50 Euro, Familien 23,50 Euro

Öffi-Anreise: Ab Wien mit der S-Bahn S1 bis Haltestelle Silberwald.

IMI
...zum Geschirrwaschen
ATA
zum Putzen und Scheuern
Schmoll
Pasta

– 3 –

MUSEUMSDORF NIEDERSULZ

EIN SPAZIERGANG IM ALTEN WEINVIERTEL

Ein Dorf, wie es früher einmal war: mit Bauernhöfen, Gärten, einer bezaubernden Greißlerei und einem Dorfwirtshaus am Hauptplatz. Was 1979 als privates Projekt eines Sammlers alter Weinviertler Gebäude begann, ist heute das größte Freilichtmuseum Niederösterreichs, das zum Entdecken historischer Häuser einlädt.

Ein Laden, in dem es alles gab, und der doch so viel kleiner war als die heutigen Supermärkte: So also haben sie früher ausgesehen, die alten Greißler, die nicht nur Mehl, Nüsse und andere Lebensmittel verkauft haben, sondern auch Oblaten, Servietten, Nägel, Tabak, Zahnbürsten und sehr viel mehr. Wie breit das Angebot war, das kann man von den Aufschriften auf den dunklen Laden ablesen, die sich hinter dem Verkaufstisch bis fast zur Decke reihen: Mandeln, Reisstärke, Anis, Kreide, Kartoffelmehl. Es ist ein ganz wunderbarer **Greißler** mit seinen alten Blechschildern (darunter der Kirstein Blockmalz-Mann!), den Schachteln mit den handgeschriebenen Etiketten und der großen, alten Kassa, der hier im Museumsdorf Niedersulz wiedererrichtet wurde. Für viele Besucher eines der Highlights, das man während des Rundgangs durch **Niederösterreichs größtes Freilichtmuseum** jedenfalls besichtigen sollte. Auch für Kinder ist es spannend, einmal in einer echten Greißlerei zu stehen, die sie sonst nur aus alten Kinderbüchern wie Astrid Lindgrens „Wir Kinder aus Bullerbü“ kennen.

◄ *Der alte Greißlerladen im Museumsdorf*

Als Erwachsener wird man richtig sentimental, obwohl man eigentlich noch zu jung ist, um selbst jemals in einem dieser alten Läden eingekauft zu haben.

Der Laden stand früher in Jedenspeigen und war als „Greißlerei Pawelka“ 1897 eröffnet worden. Erstaunlich, dass das über Generationen geführte Geschäft, das auch Fahrräder und Nähmaschinen verkaufte, immerhin noch bis 1976 offen hatte, ehe die Konkurrenz durch die großen Super- und Baumärkte zu gewaltig wurde und die Rollläden für immer unten blieben.

Bis das Inventar der Greißlerei gerettet, das Gebäude abgetragen und hier in Niedersulz wiedererrichtet wurde. Zu verdanken ist das einem passionierten Sammler, Professor Josef Geissler, der jahrzehntelang alte Weinviertler Bauern-, Handwerker- und Presshäuser, Kapellen, aber auch eine historische Volksschule aufkaufte, sie so vor dem Abriss rettete und in Niedersulz wieder aufstellen ließ. So wuchs ab 1979 das Museumsdorf, das heute ein professioneller Betrieb ist und wie ein echtes, altes Dorf anmutet, durch das es sich bestens spazieren lässt. Herr Geissler selbst wohnt übrigens in einem der alten Gebäude auf dem Museumsgelände.

LEHRERWOHNUNG IM SCHULHAUS

Der Ausflug beginnt allerdings im modernen Besucherzentrum, das, auf einem Hügel gelegen, einen weiten Blick auf das Weinviertel, aber auch hinunter auf das Museumsdorf bietet. Dann kann es, ausgestattet mit einem kleinen Lageplan, auch schon losgehen mit der Dorferkundung. Eines der ersten Gebäude ist die **alte Volksschule** aus Gaiselberg, die 1808 eröffnet wurde. In den Vitrinen im Vorraum sind uralte Schulbücher, Globen, Landkarten und Kreiden ausgestellt, die davon zeugen, wie Kinder im 19. Jahrhundert unterrichtet wurden. Auf einer Infotafel im Vorraum erfährt man mehr über die soziale Stellung der Lehrer, ehe man die zwei kleinen Klassenräume mit den für die damalige Zeit charakteristischen

Der Wultendorfer Hof, ein typischer Weinviertler Zwerchhof

Schulbänken besichtigt. Dass der Lehrer früher auch häufig in der Schule gewohnt hat, mag nicht nur kleine Besucher überraschen: Als Beweis kann man einen Blick in die Lehrerwohnung werfen, die aus Küche, Speis, einem Schlafzimmer und einem kleinen Stall bestand.

Nicht nur die alte Volksschule, auch viele weitere der **80 Gebäude** kann man betreten und bekommt so einen Einblick, wie Bauern, der Bürgermeister sowie die Handwerker früher gelebt und gearbeitet haben. Die Innenräume sind liebevoll, detailgetreu und mit authentischen Möbeln und Gegenständen eingerichtet. Da leider immer wieder das eine oder andere gestohlen wurde, sind die meisten Räume mittlerweile mit einer Absperrung versehen. Man kann also nur hineinschauen, sie aber meistens nicht betreten, hat dabei aber immer einen guten Blick in den jeweiligen Raum. Wer die gezeigten Möbel, Bilder und anderen Einrichtungsgegenstände aus nächster Nähe ansehen möchte, kann sich einer der **Überblicksführungen** anschließen, die ein bis zwei Mal täglich angeboten werden. Auch an den Wochenenden, wenn hier Handwerker wie Sattler, Schmied oder Wagner in den Handwerkshäusern vorzeigen, wie das jeweilige Handwerk früher ausgeübt wurde, darf man einige Räume auch betreten. Die Besucher können dabei auch alte Techniken ausprobieren wie das Ziegelschlagen oder Lehmwuzeln.

EINKEHRTIPP

Gasthaus Zum Grünen Baum
Familie Kruder
Landstraße 1
2225 Zistersdorf
Tel.: +43/(0)2532/81555
E-Mail: gasthaus.zumgruenenbaum@utanet.at

Der Essplatz in der Küche der Lehrerwohnung in der Gaiselberger Schule

Spielzeug aus der Zeit um 1900

Mit nicht sehr ausdauernden Kindern ist aber wahrscheinlich das eigenständige Erkunden der Häuser empfehlenswerter, wenn man das Tempo selbst bestimmen und auch das eine oder andere Haus auslassen kann. Denn auch wenn es anfangs spannend ist, herauszufinden, welche Räume sich wohl im nächsten Haus verbergen, es Spaß macht, über eine schmale Holztreppe hinauf in den ersten Stock zu schauen: Alle Häuser genau zu erkunden wird jüngeren Kindern irgendwann zu viel. Allerdings gibt es **jeden ersten und dritten Sonntag im Monat eine Familienführung,** bei der die Kinder auch Rätsel lösen müssen, was die Tour kurzweiliger macht. Dass man sich immer wieder in den Häusern aufhält, hat auch den Vorteil, dass ein kleiner Regenschauer während des Besuchs nicht viel ausmacht.

ZWEI BERÜHMTE SCHWEINE LEBEN HIER

Nicht auslassen sollte man auf jeden Fall den **lebenden Bauernhof** aus dem späten 18. Jahrhundert. Auf diesem Zwerchhof – so nennt man die für das Weinviertel typische, mehrkantige Hofform – aus Prottes mit Taubenkobel und Stadel kann man einige Bauernhoftiere sehen. Neben den Gänsen am Teich, den Hennen und den Eseln Gusto und Pepino sind vor allem die beiden Schweine erwähnenswert, die als Ferkel echte TV-Stars waren: Denn Rosa und Mitzi haben in den „Ja natürlich"-Werbespots das sprechende Schweinchen dargestellt und danach in Niedersulz ein Zuhause gefunden.

Später wird man noch an weiteren wunderschönen alten Höfen vorbeikommen, oft sind die Geschichten der Häuser mit Personen verbunden, die darin gelebt haben: So stellen sich auf Infotafeln die einstigen

Bewohner vor, was die Besichtigungen der unbewohnten Räume irgendwie lebendiger macht. In der **Amtsstube des Bürgermeisters** aus 1915 würde heute wohl kaum ein Bürgermeister seine Gäste empfangen – damals war es üblich, dass der Bürgermeister seine Geschäfte in seinem Wohnhaus ausübte: Schreibtisch und Sessel, ein schmales Bücherregal mit Gesetzestexten und ein Kasten, viel mehr gab es nicht. Wer die Amts- und Privaträume des Bürgermeisters schon eher karg fand, wird das Leben der Kleinhäusler, die in bescheidenen Häusern lebten, noch spartanischer finden. Sie hatten meist nur einige wenige Tiere zur Selbstversorgung, deren Stallungen direkt an den Wohnbereich anschlossen. Ihre Häuser lagen damals – und auch hier in Niedersulz – eher am Ortsrand. Oft arbeiteten sie als Taglöhner bei den Bauern.

Eine sehr hübsche Kulisse stellt die **Kellergasse** dar, mit mehreren Presshäusern aus unterschiedlichen Weinviertler Orten. Überhaupt offenbaren sich einem hier viele schöne Ansichten, an guten Fotomotiven mangelt es keinesfalls. Auch die sehr gepflegten Vorgärten der Häuser wurden authentisch angelegt und sind wunderschön anzusehen. Ebenso der **Bibelgarten,** in dem Kräuter und viele Pflanzen wachsen, die in der Bibel erwähnt werden. Herz des Dorfs ist der große **Dorfplatz,** auf dem es nicht nur eine Kirche, sondern auch ein **Dorfwirtshaus** gibt, das in einem ehemaligen Jägerhaus aus Hohenau untergebracht ist. Gleich dahinter sind die Kinder auf einem kleinen Spielplatz beschäftigt. An warmen Tagen sitzt man draußen wunderbar unter Kastanienbäumen. Wer hier nicht einkehren möchte, kann auch wenige Minuten weiter auf der offiziell so genannten **Picknickwiese** rasten und jausnen.

MUSEUMSDORF NIEDERSULZ
2224 Niedersulz 259
Tel.: +43/(0)2534/333
E-Mail: info@museumsdorf.at
www.museumsdorf.at

Geöffnet: 15. April bis 1. November, täglich 9:30 bis 18 Uhr

Eintritt: Erwachsene 12 Euro, Kinder bis 18 Jahre frei, Führungen: 4 Euro pro Person

Öffi-Anreise: Ab Wien-Floridsdorf mit dem Linienbus 420 bis zur Haltestelle „Niedersulz – Museumsdorf".

– 4 –

BLUMENGÄRTEN HIRSCHSTETTEN

BEGEGNUNGSZONE MIT SCHAFEN UND ZIESELN

Eine wunderschöne, riesengroße Anlage für Pflanzenliebhaber, in der es aber auch Kindern nicht langweilig wird: In den Blumengärten Hirschstetten kann man bei freiem Eintritt wunderbar spazieren gehen, sich austoben, aber auch Schildkröten, Bienen und Bauernhoftiere beobachten.

Kurz ist man in Indien, dort bei der nicht ganz kitschfreien Ganesha-Statue. Eben war man noch zwischen großen Kakteen in Mexiko, später wird man einen historischen Bauernhof aus dem Weinviertel besichtigen und an einer Art Mini-Provence – Lavendel, Lavendel, Lavendel – vorbeikommen. Wenn man so will, kann man die Blumengärten Hirschstetten, gerade noch in Wien, aber ziemlich am Stadtrand im 22. Bezirk gelegen, als eine Art entschleunigten Themenpark verstehen. Einen angenehmen, ruhigen, ohne laute Fahrgeräte, Zuckerwatte und nervige Geräuschkulisse.

Wer würde vermuten, wie viel sich hinter dem Namen „Blumengärten" verstecken kann! Blumengärten, das klingt nach Beeten und Gewächshäusern. Die gibt es hier freilich auch, sehr viele sogar, zieht in Hirschstetten doch das Stadtgartenamt die Frühjahrs-, Sommer- und Herbstpflanzen auf, ehe sie in den Wiener Parks ausgepflanzt werden. Hier wachsen auch Stauden heran, die später die grauen Straßen der Stadt grüner und freundlicher machen sollen. „Straßenbegleitgrün" nennt man das im wunderbaren Beamtendeutsch.

◀ *Das Palmenhaus erwartet die Besucher gleich beim Nordeingang.*

In den Blumengärten – bis 2002 hießen sie wenig einladend „Reservegärten“ – als Gärtnereibetrieb der Stadt wächst also ziemlich viel, allein von den Sommerblumen werden jedes Jahr rund 1,4 Millionen Stück ausgepflanzt. Davon bekommt man gleich am Anfang einen ziemlich guten Eindruck, wenn man sich der Anlage über den alleeartigen Südeingang nähert, der auch mit dem Bus erreichbar ist. Mit der Straßenbahnlinie 26 gelangt man wiederum öffentlich zum Nordeingang. Vorbei am **Palmenhaus,** dessen Retro-Schriftzug sogleich sein Alter verrät – unverkennbar stammt es aus den 1950er-Jahren –, spaziert man zunächst an einer Reihe von riesigen **Gewächshäusern** vorbei. Diese stammen ebenfalls auch noch aus den 1950ern, als der Wiener Gemeinderat den Ausbau des damaligen Reservegartens beschloss und die Stadt dafür 54 Millionen Schilling lockermachte.

Im Palmenhaus

Seither kann man hier den Gärtnern über die Schulter schauen, ehe man zum weitläufigen Teil der **Blumengärten** kommt, der für die Besucher gedacht ist. Gleich links geht es zu einem **Urzeitgarten,** wie eine Mutter ihrem kleinen Buben ankündigt. Urzeitgarten, das macht den Buben neugierig. „Gibt es da echte Dinosaurier?“, fragt er hoffnungsfroh. Nein, die gibt es nicht, glücklicherweise auch keine unechten, die so gar nicht hierher passen würden. Dafür aber den Nachbau einer Feuerstelle, umringt von Pflanzen wie dem Ginkgo, die es in der Urzeit schon gab.

Auch Fledermäuse leben in den Blumengärten.

Fixpunkt mit Kindern: der ungewöhnliche Insektenspielplatz

INSEKTENSPIELPLATZ FÜR DIE KINDER

Rechter Hand haben die Gärtner eine Reihe von **Kleingärten** angelegt, von der Dachterrasse bis zum Vier-Jahreszeiten-Garten. Nachmachen und Ideen-Abschauen ist ausdrücklich erwünscht. So zeigt etwa der „Seniorengarten“, wie man einen Garten anlegen kann, den man sogar im Rollstuhl pflegen kann. Mit Kindern hält man sich hier wahrscheinlich nicht allzu lange auf. Nicht vorbeigehen sollte man allerdings am **Obstgarten,** in dem seltene Apfel- und Birnensorten wachsen. Die große Tafel führt einem vor Augen, wie wenige alte Sorten man heutzutage noch kennt – und die Sorte „Breitarschapfel“ sorgt verlässlich für Gelächter bei den Besuchern.

Wer mit Kindern kommt, wird vermutlich einen längeren Stopp beim **Insektenspielplatz** einlegen, dem einzigen Ort in den Blumen-

Riesige Honigwaben zum Hineinklettern

gärten, an dem es ein bisschen lauter wird. Die Spielgeräte simulieren die Lebensräume von Insekten: Das Klettergerüst ist ein Spinnennetz, man klettert in einen Ameisenstaat oder auch über eine riesige Holzameise oder schaukelt in einem überdimensionalen Bienenstock. Für die Eltern gibt es allerlei Sitzmöbel, insgesamt ein sehr angenehmer Ort, allerdings mit einem Minus an heißen Tagen: Der Spielplatz hat, wie die Blumengärten generell, nur wenige Schattenplätze. Einer der schattigeren Orte ist der große **Naturteich,** wo man auf Holzliegen die Füße in den Sand stecken und den Springbrunnen beobachten kann. Fast fühlt es sich hier wie im Urlaub an. Schade eigentlich, dass man im Teich nicht baden kann.

Die Blumengärten – und das macht sie richtig familienausflugstauglich – beherbergen auch viele **Tiere,** die sich auf dem Gelände verteilen. Enten, Graureiher, Kröten. Land- und Wasserschildkröten lassen sich entspannt die Sonne auf den Panzer scheinen, es gibt ein Wildkatzengehege, Fasane und Störche, Bienen, viele Schmetterlinge und zahlreiche Arten mehr. Und sogar – hieß die immer schon so oder erst, seit das Wort in der Stadt so populär ist? – eine Begegnungszone. Gemeint ist eine zwischen Menschen und Tieren, konkret den Schafen. Letztere können nämlich, wenn ihnen die vielen Kinderhände, die sie streicheln, zu viel werden, aus der Begegnungszone flüchten und sich in die sogenannte Ruhezone zurückziehen.

SCHÖNER ALTER BAUERNHOF

Noch mehr Tiere, Ziegen, Hühner und Kaninchen nämlich, entdeckt man beim **Bauernhof aus dem Weinviertel** mit seinem wunderhübschen kleinen Gemüsegarten. Er wurde teils mit Originalteilen aus 1880 nachgebaut. Hier findet man auch eine der raren WC-Anlagen auf dem Gelände. Am Wochenende lässt sich hier bei einem **Miniheurigen** eine kleine Pause einlegen. Mit etwas Geduld sieht man hier auch eines der

Einkehrmöglichkeit beim Waldviertler Bauernhof

vielen Ziesel, die in Hirschstetten leben, sich aber nicht unbedingt gerne den Menschen zeigen.

Hat man es bis zum Bauernhaus geschafft, hat man aber längst noch nicht alle Themengärten der Anlage gesehen. Der **Irrgarten** wäre da etwa noch, oder der **indische Garten,** seit einigen Jahren kann man in dem von Rosen umrahmten **Florarium** auch heiraten. Es sieht genauso aus, als wäre hier das eine oder andere romantische Hollywood-Happy-End gedreht worden.

Wer will, kann an den vielen Hinweisschildern unterwegs viel lernen, eine der dicken, wetterfesten Mappen, die im Freien zum Blättern einlädt, ist etwa Ayurveda gewidmet. Viele Besucher, auch ohne Kinder, kommen aber einfach hierher, um durch die Blumengärten als große, ruhige und unglaublich blumenreiche Parkanlage zu spazieren. Ein sehr guter Ort, wenn man aus der Großstadt raus möchte, aber nicht lange unterwegs sein will. Erstaunlich eigentlich, dass die Stadt hier keinen Eintritt verlangt. Bezahlen muss man hier nur, wenn man sich einer der vielen Führungen anschließen möchte, die die Stadtgärtner zu sehr vielen Themen anbieten, von Fledermäusen über Schmetterlinge bis Vögel oder Bienen.

Die zutraulichen Schafe füttern und streicheln

Auch einen Irrgarten gibt es.

Für diese **Führungen** muss man sich allerdings vorab anmelden. Und weil die Gärtner immer wieder diese eine Frage beantworten müssen: Nein, Blumen kaufen und mit nach Hause nehmen kann man hier nicht.

Ab Mitte Oktober ist nur das Palmenhaus geöffnet und der Rest der Anlage gesperrt – mit Ausnahme jener Wochen ab etwa Mitte November, wenn der **Weihnachtsmarkt** hier zum Punschtrinken einlädt. Einer der wenigen Adventmärkte in der Stadt, die nicht heillos überlaufen sind.

SCHULGARTEN UND MUSEUM

Den Wiener Stadtgärtnern kann man nicht nur im 22. Bezirk in Hirschstetten beim Arbeiten zuschauen. Auch der **Schulgarten Kagran,** das 60.000 Quadratmeter große Übungsgelände der zukünftigen Stadtgärtner, kann an bestimmten Tagen und bei freiem Eintritt besucht werden – die aktuellen Termine finden sich auf der Website. Von den hier angelegten **Themengärten** können sich Hobbygärtner die eine oder andere Inspiration für ihren eigenen Garten mitnehmen, Kinder werden sich aber zweifellos in Hirschstetten wohler fühlen. Im Schulgarten werden nach Vereinbarung auch **Workshops** für Gruppen ab zehn Personen abgehalten, etwa zum Thema „Heil- und Hexenkräuter" aus dem eigenen Garten.

Der Schulgarten Kagran beherbergt auch das **Österreichische Gartenbaumuseum** in einer ehemaligen Orangerie, das allerdings nur werktags geöffnet hat. Hier finden sich mehr als 1000 Exponate aus Gartenbau und Floristik, darunter Geräte, Arbeitshilfen, Baustoffe, die im Gartenbau zum Einsatz kommen, ebenso historische, restaurierte Werkzeuge.

▼ *Ein Abstecher in die Tropen im Inneren des Palmenhauses*

Das Museum umfasst auch das rekonstruierte **Blumengeschäft Sädtler,** das teils mit Originalmöbeln aufgebaut wurde und sehr hübsch-nostalgisch anmutet. Die floristische Sammlung aus dem Besitz Christian Sädtlers ging 2001 in den Besitz des Gartenbaumuseums über, sie umfasst Dekorationsgegenstände und mehr als 470 historische Wandvasen. Für interessierte Besucher gibt es gegen Voranmeldung auch Führungen.

BLUMENGÄRTEN HIRSCHSTETTEN
Südeingang: Quadenstraße 15
1220 Wien
Nordeingang: Oberfeldgasse gegenüber Objektnummer 41, 1220 Wien
Tel.: +43/(0)1/4000-8042
www.wien.gv.at/umwelt/parks/blumengaerten-hirschstetten/

Geöffnet: Mitte März bis Mitte Oktober Di bis So 10 bis 18 Uhr. Juni bis August am Fr und Sa bis 20 Uhr. Gegen Voranmeldung gibt es geführte Spaziergänge zu unterschiedlichen Themen. Im Winter ist nur das Palmenhaus geöffnet: Di bis Fr von 10 bis 15 Uhr, So 10 bis 18 Uhr. Weihnachtsmarkt ab ca. Mitte November bis Mitte Dezember, jeweils Do bis So

Eintritt frei, die Führungen kosten pro Person 5 Euro.

Öffi-Anreise: Mit dem Bus 95A zum Südeingang, (bis „Blumengärten Hirschstetten"), mit der Straßenbahn 26 zum Nordeingang (bis „Oberfeldgasse/Spargelfeldstraße")

Informationen und Öffnungszeiten zum Schulgarten Kagran und dem **Gartenbaumuseum** gibt es auf der Homepage www.wien.gv.at/umwelt/parks/schulgarten-kagran/

– 5 –

BAUERNHOF NALELA

EIN WENIG LANDLEBEN IN DER GROSSSTADT

Dass man noch in Wien ist, vergisst man schnell, wenn man die Kaninchen, Hennen, Ziegen und Alpakas auf dem kleinen Bauernhof NaLeLa in der Lobau besucht. In Workshops können Familien Brot backen, Kräuter entdecken und mehr über den Umgang mit Tieren lernen.

Ein echtes Großstadtkind hat schon Pandabären gesehen, da konnte es selbst noch gar nicht gehen. Löwen auch und Elefanten sowieso: Denn viele Wiener Jungeltern führen ihre Kinder schon von klein auf immer wieder in den Tiergarten Schönbrunn. Ein echtes Großstadtkind hat dafür aber viele heimische Tierarten nie oder zumindest sehr selten in echt erlebt: Hennen, Kühe oder Pferde wirken auf viele junge Wiener exotischer als Pandas, Mähnenrobben oder Pinguine.

Denn es ist nun einmal so: Wann kommt man als Wiener Familie schon auf einen Bauernhof? Noch dazu einen, den man auch einfach so besuchen kann, ohne dort gleich eine ganze Woche Urlaub zu verbringen? Oft sind die Möglichkeiten näher, als man denkt. In der Lobau gibt es mit der „Kleinen Stadtfarm“ einen Verband mehrerer Initiativen, der sich der gemeinschaftlichen landwirtschaftlichen Bildungs- und Therapiearbeit verschrieben hat. Ein Mitglied dieses Verbandes ist „NaLeLa“ – die Abkürzung steht für „Natur, Leben und Landwirtschaft“, und dahinter stecken wiederum zwei junge Frauen namens Jill und Miriam, die Großstadtkindern, deren Eltern, aber auch Senioren mehr Nähe zur Natur vermitteln wollen.

◄ *Ein neugieriges Willkommenskomitee auf dem Bauernhof NaLeLa*

EINTRITT FREI

Ihr kleiner Bauernhof ist auch **ohne Konsumzwang und ohne Eintritt** jederzeit zu besuchen. Wer in der Nähe ist, kann also auch einfach so über die Anlage spazieren und Hennen, Kaninchen, Ziegen und Alpakas – nein, das sind keine heimischen Tiere – beobachten. Dass man hier noch in Wien ist, würde man gar nicht glauben. So ruhig ist es hier, dass es sich gleich mal richtig nach Landwirtschaft anfühlt. Dabei ist man doch erst vor einigen Minuten aus dem Bus der Linie 93A gestiegen.

NaLeLa und die anderen hier angesiedelten Initiativen haben vor einigen Jahren den Grund übernommen, auf dem jahrelang der legendäre Biohof Polzer angesiedelt war. Das Gelände verfiel nach dem Tod des ehemaligen Pächters sichtlich. Die „Kleine Stadt Farm", die es nun gepachtet hat, ist gerade dabei, das Gelände nach und nach wieder auf Vordermann zu bringen. Wer sich einen bestens gepflegten Bauernhof erwartet, ist hier falsch. Vieles ist hier noch improvisiert und ein bisschen chaotisch, aber durchaus sympathisch. Und das Wichtigste: Die Tiere haben hier ein feines Leben.

KRÄUTER SUCHEN, BROT BACKEN

Aber auch Besucher haben hier eine nette Zeit: Vor allem, wenn man nicht nur über den Hof schlendert, sondern im Vorfeld einen der Workshops bucht, die die Betreiberinnen für Kinder, Familien und auch Seniorengruppen anbieten. Kleiner Haken: Man sollte mindestens zu zehnt sein, muss also im Freundeskreis ein paar Leute zusammentrommeln, um gemeinsam ein paar Stunden auf dem Hof zu verbringen. Zur Auswahl stehen hier allerlei Angebote, am beliebtesten ist die **Jausenwerkstatt.** Wie bei den anderen Workshops wird man gleich bei der Bushaltestelle abgeholt (außer man kommt mit dem Auto), gemeinsam wird in dem kleinen Häuschen – in dem vor langer Zeit geschlachtet wurde – Brot gebacken, Butter und Topfen hergestellt. Dabei erfahren die Teilnehmer nicht nur das Wichtigste über gesunde Ernährung, sondern auch über die Herkunft der Zutaten. Das mag für manche selbstverständlich klingen, aber wie Jill und Miriam erzählen, ist das Wissen, woraus die Grundnahrungsmittel bestehen, bei vielen Menschen nur sehr rudimentär vorhanden. Immer wieder kommt es vor, dass auf Fragen wie „Woraus wird Mehl gemacht?" von den Kindern Antworten wie „Aus Salami!" kommen.

Gemeinsam Kräuter sammeln …

Nachdem also der Teig geknetet, der Topfen verrührt ist – Kinder erfahren so spielerisch, was Molke ist und welche Produkte aus Milch hergestellt werden –, geht es wie bei allen NaLeLa-Werkstätten auch raus auf den Hof: Je nach Saison werden im **Kräutergarten** gemeinsam Kräuter geerntet, im

… aus denen dann Kräuterbutter oder Salbe hergestellt wird.

Hühnerstall Eier gesammelt und die verschiedenen Hühnerarten kennengelernt. Natürlich werden auch die anderen **Bauernhoftiere** – von Kaninchen bis Ziege – besucht und gestreichelt. Rund zweieinhalb bis drei Stunden verbringt man so gemeinsam, die Kinder freuen sich, Küken aus nächster Nähe zu sehen. Wer sich traut, darf auch eine Henne tragen – und fast alle wollen natürlich ins Gehege zu den Kaninchen und Meerschweinchen. Die sehr geduldigen Damen Miriam und Jill versuchen, den Kindern auch den richtigen Umgang mit Tieren beizubringen, zeigen ihnen, wie man erkennt, wenn ein Tier genug hat und nicht mehr gestreichelt werden will, wann es sich wohlfühlt und so weiter. Zum Abschluss des Nachmittags wird natürlich das selbst gebackene Brot samt Butter und Topfen gemeinsam verspeist.

BIENEN BEOBACHTEN

Je nach Jahreszeit gibt es auch andere Angebote, so wird in einem Workshop gemeinsam Naturkosmetik – Lippenpflege und Badeperlen etwa – hergestellt, in der **Bienenwerkstatt** lernt man viel über die Bedeutung der Honigbienen für Natur und Mensch: Denn am Hof gibt es auch einen Bienenschaukasten, vor dem die Kinder das emsige Treiben der Tiere beobachten können. Auch hier wird man selbst aktiv: Gemeinsam rührt man eine Bienen-Kräutersalbe zusammen. Vor **Ostern und Weihnachten** gibt es außerdem **thematisch passende Angebote,** bei denen etwa Pinze oder im Advent Lebkuchen gebacken wird. Eine ausführliche Besuchsrunde bei den Tieren ist bei allen Angeboten dabei. Gerne, erzählen die beiden, feiern Kinder auch ihren **Geburtstag** hier – dabei wählt

◄ *Im Bienenschaukasten kann man die Bienenkönigin suchen.*

man aus mehreren Aktivitäten zwei oder drei aus. Die Auswahl reicht von Ponys striegeln und reiten, Brot oder Gemüsepizza backen bis zu Seife oder Straßenkreiden selbst herstellen. Auch im Sommer gibt es wochen- oder tageweise **Ferienbetreuung** für Schulkinder am Hof. Dabei wird auch im nahen Mühlwasser geplantscht und geschwommen.

Nach dem Besuch bei NaLeLa lohnt es sich, linker Hand auf dem Naufahrtweg ein paar Meter weiterzuspazieren. In zwei umgebauten bunt bemalten Schiffcontainern werden hier in einer Art Minimarkt namens **Stadtbauernladen** Gemüse, Obst, Eier, Brot und andere Lebensmittel, darunter auch eingelegtes Gemüse oder Kompott, verkauft, die in Wiens größtem Urban-Farming-Projekt „Startworking" angebaut und verarbeitet werden. Alles, was hier auf knappen zwölf Quadratmetern verkauft wird, stammt direkt aus der Region. Vielleicht sind sogar ein paar Eier von jenen Hennen dabei, die man bei NaLeLa besucht hat. Ein schöner Gedanke, gerade für Großstadtkinder.

NALELA
Naufahrtweg 14, 1220 Wien
Tel.: +43/(0)681/818 508 86
E-Mail: info@nalela.at
www.nalela.at

Eintritt frei. Bienenwerkstatt, Jausenwerkstatt oder Milchwerkstatt kosten ab 9 Euro pro Person und müssen vorab gebucht werden.

Öffi-Anreise: mit dem Bus 93A von der U1-Station „Kagran" oder der U2-Station „Donaustadtbrücke" bis zur Haltestelle „Rallenweg"

STADT BAUERN LADEN
Naufahrtweg/Ecke Otto-Weber-Gasse
1220 Wien
E-Mail: kontakt@12qm.at
fb.com/12qmSBL

Geöffnet: Di 9 bis 13 Uhr, Fr 14 bis 18 Uhr, Sa 9 bis 18 Uhr

SPREU BOOTE

– 6 –

DER NATIONALPARK DONAU-AUEN

SO VIELE TIERARTEN WIE IM URWALD

100 Vogel-, 30 Säugetierarten und viele andere Tiere leben im riesigen Nationalpark Donau-Auen, der sich von Wien bis zur Staatsgrenze vor Bratislava erstreckt. Das Besucherzentrum im Schloss Orth mit seiner Schlossinsel ist für Familien ein guter Ausgangspunkt, um Flora und Fauna kennenzulernen, aber auch, um zu Fuß oder im Boot in die Donauauen zu starten.

Drinnen ist alles abgedunkelt, umso grüner strahlt einem das Wasser des Teichs durch die große Glasscheibe entgegen. Nein, hier steht man nicht vor einem Aquarium, sondern beobachtet die Fische in ihrem natürlichen Lebensraum auf Augenhöhe – in der Unterwasserstation, die gleichsam in den Teich gebaut wurde.

Teich und Station liegen auf der sogenannten Schlossinsel, die zum niederösterreichischen **Schloss Orth** gehört, in dem seit 2005 das **Besucherzentrum des Nationalparks Donau-Auen** untergebracht ist. Die Schlossinsel bietet einen Überblick über die Tier- und Pflanzenwelt des Nationalparks, der sich von der Wiener Lobau ostwärts 93 Kilometer entlang der Donau erstreckt. In der Unterwasserstation kann man Fischarten wie den Hecht, Flussbarsch, Rotauge und Rotfeder beobachten, die man als in Wien lebender Mensch weitaus seltener sieht als exotischere Fische, die man im „Haus des Meeres“ oder in Schönbrunn mehrmals im Jahr zu Gesicht bekommt. Wie oft hat man schon einen Aitel in natura

◄ *Auf Schlauchboottour im Nationalpark Donau-Auen*

Eines von vielen Tieren hier: die Wasserschildkröte

Die heimischen Fischarten in ihrem natürlichen Umfeld beobachten

gesehen – wenn man überhaupt schon von dieser Fischart gehört hat? Hier aber kann man auf einer Bank Platz nehmen und Fische, Muscheln und Wasserschnecken in ihrem natürlichen Lebensraum beobachten. Ein ganz besonderes Flair ist das hier. Kinder amüsiert, dass eine Fischart tatsächlich Nase heißt.

NATUR ENTDECKEN AUF DER SCHLOSSINSEL

Für Kinder, aber nicht nur für sie, ist die Schlossinsel auch im Freien außerhalb der Unterwasserstation eine spannende Sache, hier kann man nicht nur auf dem **Naturspielplatz** aktiv werden, man greift Hirschgeweihe an, entdeckt Tierspuren, erkennt, wie viel Leben es im sogenannten Totholz gibt. Und man kann einige Tierarten beobachten, zumindest in den warmen Monaten, wenn die Ziesel nicht im Winterschlaf sind und sich etwa auch die Europäische Sumpfschildkröte zeigt. Schafe und Fische kann man aber auch im Herbst hier entdecken, wenn die Landschaft rund um die Schlossinsel in wunderbar herbstliche Farben getaucht ist.

Ein Besuch im **schlossORTH Nationalparkzentrum** – nur etwa 15 Kilometer von der Wiener Stadtgrenze entfernt – ist auf jeden Fall ein guter Ausgangspunkt für Spaziergänge, Wanderungen oder auch Bootstouren im Nationalpark. Das Schloss, dessen Geschichte bis ins 12. Jahrhundert zurückgeht und das im 16. Jahrhundert im Renaissancestil umgestaltet wurde, kann im Zuge einer **Führung** besucht werden, die jede Stunde stattfindet.

Dabei geht es weniger um das Schloss als um die Geschichte des Nationalparks – und das wesentlich lebendiger und abwechslungsreicher, als man vermuten würde. Los geht es im ersten Stock, wo Kinder und Eltern gleich aktiv werden können. Er ist einem Barocktheater nachempfunden, die Besucher können hier – während ein märchenhaftes Hörspiel von der Entstehung der Aulandschaft erzählt – selbst mithelfen und das opulent gemalte Bühnenbild bewegen. Da schiebt man Bäume als Kulisse auf die Bühne oder auch den einen oder anderen Wasservogel. Das macht auch als Erwachsener Spaß, nebenbei lernt man spielerisch, welchen Pflanzen- und Tierarten der Auwald als Lebensraum dient. Eine sehr ungewöhnliche Form der Wissensvermittlung, an die man sich gern erinnern wird.

UNGEHEURE ARTENVIELFALT

Einer der Gewinner des Nationalparks sei der Seeadler, erzählt Rangerin Christiane Mair. Seit der Auwald geschützt ist, haben sich hier wieder fünf Adlerpaare angesiedelt – das klingt angesichts von 9300 Hektar Fläche nach nicht viel, tatsächlich, sagt Mair, haben Adler ein riesiges Revier, weshalb die Donauauen voll besetzt seien. In der kalten Jahreszeit kommen etwa 35 Seeadler als Wintergäste dazu.

EINKEHRTIPP

Gasthaus Binder
Jägergrund 2
2304 Orth/Donau
Tel. +43/(0)2212/2252
www.gasthaus-binder.at

Spektakulär ist ein paar Räume weiter auch die **riesige begehbare Landkarte,** bestehend aus Luftbildern, die fast die gesamte Bodenfläche des Raumes einnehmen. Quasi aus der Vogelperspektive blickt man auf die Donauauen, die in Wien in der Lobau beginnen und vor Bratislava enden. Auch Wien ist natürlich dabei, schon kann man versuchen, sein Wohnhaus zu finden. Rangerin Mair erklärt derweil, welche fatalen Auswirkungen auf den Auwald selbst, aber auch auf die umliegende Landwirtschaft das Kraftwerk in Hainburg gehabt hätte. Dieses – genauer gesagt der Protest dagegen – war letztlich auch der Anfang des Nationalparks. Dank der Aubesetzung 1984 wuchs das Bewusstsein um das Naturjuwel Auwald, der in der Folge zum Nationalpark erklärt wurde. Manche Räume und Kurzfilme sind für Kinder vielleicht nicht ganz so atemberaubend, sehr lange dauert die Führung mit rund 50 Minuten aber ohnehin nicht. Gäste, die sich sehr für die Region Orth interessieren, können auch noch das zweite kleine Museum besuchen, das im Schloss untergebracht ist – das **museumOrth,** das aber für die meisten Kinder vermutlich nicht sehr spannend ist.

Die Artenvielfalt ist heute, mehr als 20 Jahre nach Unterschutzstellung des Auwaldes, mit einem Urwald vergleichbar: 100 brütende Vogelarten vom Eisvogel bis zum Flussregenpfeifer finden hier optimale Lebensbedingungen, dazu kommen unter anderem 30 Säugetier-, zehn Reptilien- und 60 Fischarten. Jedes Jahr gibt es einen Themenschwerpunkt, 2017 lag er bei den Fledermäusen, das Jahr 2018 ist dem Donaukammmolch gewidmet.

TOUREN ZU FUSS ODER IM BOOT

Nach dem Besuch des Schlosses und der Schlossinsel kann man die Donauauen noch auf eigene Faust erkunden, los geht es nur einige Minuten vom Schloss entfernt. Es gibt aber immer wieder auch **kostenlose Nationalparktouren.** Am spektakulärsten sind wohl die verschiedenen **Bootstouren,** die es sowohl in der längeren und anstrengenderen Erwachsenenvariante als auch für Familien in einer kürzeren Form gibt. Die gemütlichste Variante geht in Orth los: Eine Fahrt auf einer Tschaike, einem nachgebauten historischen Schiff, auf die man auch schon kleinere Kinder mitnehmen kann. Mit der Tschaike fährt man auf der Donau entlang, während ein Ranger von der Tier- und Pflanzenwelt und der Flussdynamik berichtet. Zwischendurch steigt man für einen kleinen – allerdings nicht kinderwagentauglichen – Spaziergang aus.

Selbst aktiv wird man wiederum bei den Schlauchboottouren, bei denen alle im Boot mitpaddeln müssen – was natürlich ziemlich aufregend ist und Spaß macht. Weil man aber tatsächlich mithelfen muss, eignet sich die Familientour am Schlauchboot erst für Kinder ab sechs Jahren. Wo genau die Tour hinführt, entscheiden die Ranger je nach Jahreszeit und Wetterlage, meist geht es einen Donaualtarm entlang, mit etwas Glück sieht man einen Eisvogel, einen Reiher oder auch einen Biber. Kinder lernen dabei, aufmerksam zu sein, leise und genau zu beobachten.

Zu den Bewohnern des Nationalparks zählt auch der Eisvogel.

Etwa 20 Autominuten von Orth entfernt kann man in **Stopfenreuth** von Frühling bis Spätherbst auf **Kanutour** gehen, auch diese ist für Kinder ab sechs Jahren geeignet. Der Altarm hier ist sehr klar, man sieht dadurch gewöhnlich sehr tief ins Wasser und entdeckt Fische – oder auch Sumpfschildkröten. Bei beiden Bootstouren wird zwischendurch gestoppt, damit die Gruppe ein wenig durch die Auenlandschaft spazieren kann. Für alle Touren gilt: Eine Anmeldung vorab ist unbedingt erforderlich, die Touren kommen auch erst ab einer bestimmten Anmeldezahl zustande. Bei den Kanutouren sind neun Teilnehmer, bei der Schlauchbootfahrt mindestens zehn Teilnehmer nötig. Abseits der Bootstouren gibt es das ganze Jahr über **Themenführungen durch die Donauauen** – auch im Winter, wenn das Schloss Orth selbst geschlossen hat. Zum Beispiel Winterwanderungen im Jänner oder eine Wanderung, bei der man die Seeadler beobachten kann.

NATIONALPARK DONAU-AUEN
schlossORTH Nationalpark-Zentrum
2304 Orth an der Donau
Tel.: +43/(0)2212/3555
E-Mail: schlossorth@donauauen.at
www.donauauen.at

Geöffnet: 21. März bis 1. November täglich 9 bis 18 Uhr, 2. November bis 20. März täglich 9 bis 17 Uhr.
Telefonische Auskünfte und Buchung: Mo bis Fr 9 bis 13 Uhr.

Eintritt ins Besucherzentrum schlossORTH: 11 Euro, Kinder und Jugendliche von 6 bis 18 Jahre, Studierende und Lehrlinge 6 Euro, Senioren 9 Euro, Familienkarte (2 Erwachsene, 2 Kinder) 23 Euro.

Bootstouren pro Person rund 25 Euro, geführte Nationalparktouren rund 11,50 Euro für Erwachsene, 8 Euro für Kinder (6 bis 18 Jahre).

Öffi-Anreise: Mit der ÖBB-Postbus-Linie 391. Abfahrt bei der U2/Aspernstraße, Wonkaplatz Süd, Fahrtrichtung Hainburg. Haltestellen in Groß-Enzersdorf, Schönau, Orth/Donau, Eckartsau, Stopfenreuth

LAMA

– 7 –

LAMAWANDERN IM BURGENLAND

EIN BISSCHEN SÜDAMERIKA IN DONNERSKIRCHEN

Mit einem neugierigen Lama an der Leine entlang blühender Kirschbäumen spazieren gehen – das schaffen schon Vierjährige. Gut möglich allerdings, dass sie danach nie wieder ohne Tier an der Leine zum Wandern zu motivieren sind: zu Besuch bei Familie Striok am Neusiedler See.

Bei einem Menschen fände man dieses Verhalten wahrscheinlich unhöflich bis unverschämt. Aber wenn Herkules, Leo oder Sweety ganz ungeniert ihre Köpfe der Reihe nach nach rechts drehen, um mit ihren großen Augen neugierig in Fenster, offene Gartentore oder Höfe zu blicken, ist das einfach nur sehr herzig. Herkules, Leo und Sweety sind nämlich Lamas, die gerade durch Donnerskirchen unweit des Neusiedler Sees spazieren. In einer Reihe mit drei weiteren Lamas, eines nach dem anderen. Der Anblick dieser kleinen Lamagruppe wirkt auf Außenstehende wohl exotisch. Die Bewohner von Donnerskirchen haben sich längst daran gewöhnt, dass Maria Theresia Striok mit den eigentlich aus Südamerika stammenden Tieren und einigen Wanderern immer wieder durch die kleine Ortschaft spaziert.

Seit mehr als zehn Jahren bietet Familie Striok Wanderungen mit Lamas an: Für Gruppen, Familien, Kindergärten oder Schulen, aber auch für Menschen im Rollstuhl – Maria Theresia Striok hat eine Ausbildung in tiergeschützter Therapie. Wohin die Wanderung führt und wie lange sie

◀ *Maria Theresia Striok unterwegs mit einigen ihrer Lamas*

dauert, variiert dabei. Es werden verschiedene Wanderrouten angeboten, bei den meisten ist man um die drei Stunden unterwegs, Brettljause oder Grillen inklusive. Man kann sich einer Wanderung anschließen – oder auch selbst eine buchen, dafür braucht man allerdings mindestens sechs bis maximal elf Teilnehmer. Warum so viele? „Weil die Lamas ein ausgeprägtes Gruppenverhalten haben und am liebsten alle zusammen gehen", erzählt Maria Theresia Striok auf einer der Routen, die von Donnerskirchen den Kirschblütenweg entlangführt, einen herrlichen Blick auf die Weiten des Neusiedler Sees inklusive. „Wenn ich ein paar Tiere zurücklassen muss, kann es sein, dass sie daheim plärren, weil sie mitmöchten."

Der Kirschblütenweg ist natürlich auch ohne Lamas ein schöner Ausflugstipp: Zu Fuß oder mit dem Rad führt er – gut beschildert – von Donnerskirchen bis Jois entlang des Leithagebirges. Vor allem von April bis Mai, wenn Tausende Kirchbäume blühen, ist das eine wunderbare Kulisse für eine Radtour oder eine nicht sehr anstrengende – wir sind im flachen Burgenland – Wanderung. Das Kosten der Kirschen ist übrigens ausdrücklich erlaubt. Mit etwas Glück und Geduld entdeckt man auf der Strecke auch Ziesel, Rast kann man in Purbach in einem der vielen Heurigen machen.

DIE LAMAS BESTIMMEN DIE REIHENFOLGE

Kindern wird der Ausflug natürlich mit einem Lama als Begleiter weitaus besser gefallen als ohne. Bevor es vor dem Haus der Strioks losgeht, gibt es eine kurze Erklärung, wie das Wandern mit den Tieren abläuft: Jeder

▼ *Die Wanderungen entlang des Kirschblütenwegs sind leicht zu bewältigen.*

Die Tiere sind neugierig, lassen sich aber nicht aus der Ruhe bringen.

Teilnehmer führt ein Lama an der Leine, die Reihenfolge wählen die Tiere selbst. Eines, meist ist es der braun-weiß gescheckte Bruno, übernimmt die Führung der Herde, die anderen und mit ihnen deren menschliche Begleiter reihen sich ein. Die Menschen sollen links gehen, die Lamas wenn möglich in der Mitte des Weges – damit sie nicht allzu oft in Versuchung kommen, stehen zu bleiben und vom Klee zu naschen. Das war alles? Das war alles. „Sie sind ganz liebe, brave Tiere beim Führen", erklärt Frau Striok. „Sie sind nicht schreckhaft, nur sehr neugierig."

Tatsächlich geht das Spazieren neben dem Lama unglaublich leicht. Die Tiere haben ein angenehmes Schritttempo – können aber auch galoppieren, wenn man sie motiviert, man spaziert durchwegs sehr gemütlich den Kirschblütenweg von Donnerskirchen in Richtung Jois, entlang von Weingärten, Mandel- und vor allem Kirschbäumen. Im April und Mai, wenn ringsum alles blüht, ist der Weg wunderschön. Die Wanderungen mit den südamerikanischen Tieren werden aber das ganze Jahr über angeboten. Die Lamas sind dabei tatsächlich so brav, wie Striok versprochen hat. Anders als etwa bei Pferden hat man zu keinem Zeitpunkt das Gefühl, dass die Lamas plötzlich durchgehen, scheuen oder ihren eigenen Kopf durchsetzen könnten. Im Gegenteil: Die Tiere sind so verlässlich brav, dass sogar schon vierjährige Kinder sie allein führen können – insofern ist eine Lamawanderung absolut für Familien geeignet und schon kleine Kinder dürfen das, was ihnen sonst selten erlaubt ist: Ganz alleine Verantwortung für ein Tier übernehmen. Für so ein großes noch dazu!

Da der Kirschblütenweg asphaltiert ist und es nie anstrengend bergauf geht, kann man problemlos Kinderwägen mitführen, auch Hunde sind nach Absprache kein Problem. Striok bietet übrigens auch Kindergeburtstagsfeiern an – die Kinder führen dabei die Lamas durch den Wald, bei einem Spielplatz wird haltgemacht und gegrillt. Man kann aber auch seine

Familienfeier hier in Donnerskirchen in Form eines Lama-Spaziergangs begehen. Eine andere Tour schließt mit einer Grillerei am Lagerfeuer ab.

ALLES IM AUGE!

Neugierig sind die Tiere aber tatsächlich. Hören sie ein Geräusch oder sehen sie etwas Ungewohntes, bleiben sie stehen, schauen und warten ab. Ein Traktor, der vorbeifährt, eine Gruppe Radfahrer, alles wird beobachtet, Angst haben die Tiere aber nicht. Die Wanderung endet bei einer Weide – die Strioks sind eigentlich Landwirte –, wo Tier und Mensch rasten. Die Lamas werden auf eine kleine eingezäunte Weide gelassen, die Menschen bekommen eine Brettljause und Getränke. Man erholt sich, blickt in die Ferne und auf den See, ehe es wieder zurück nach Donnerskirchen geht. Auch im Winter wird hier Pause gemacht: Verpflegt werden die Gäste dann in einem kleinen fahrbaren Häuschen, in dem es warm ist.

Lamas spucken übrigens wirklich – allerdings nie (absichtlich) auf Menschen, sondern nur als Verteidigung. Wenn sie sich von einem anderen Lama bedrängt fühlen etwa, wenn es beim Wandern zu nahe hinter ihnen geht. Denn Lamas lieben zwar die Herde, schätzen aber auch einen gewissen Abstand zu den anderen Tieren. Berührungen am Hinterteil oder im Gesicht mögen sie in der Regel nicht, dann kann es schon passieren, dass sie sich gegenseitig anspucken. Streicheln darf man sie auch, am liebsten am Hals oder am Rücken, am Kopf sind die meisten empfindlich, wobei Striok auch einige Lamas hat, die etwa gerne ihren Kopf in den Schoß von Rollstuhlfahrern legen und sich streicheln lassen.

LAMAS MÖGEN ES GERN KALT

Elf Lamas leben bei den Strioks derzeit auf einem drei Hektar großen Grundstück. Begonnen hat es eigentlich als Hobby, für ihre beiden Töchter kauften die Strioks vor zwölf Jahren drei Lamas – das Minimum, da sie Herdentiere sind. Abends nach der Arbeit spazierten sie gerne als Ausgleich mit den Tieren durch den Ort und wurden immer öfter von Bewohnern und Touristen angesprochen, die gerne mitkommen wollten. So kam Striok auf die Idee, Wanderungen mit den Lamas anzubieten und hat das Angebot ob der großen Nachfrage ständig erweitert. Gewandert wird übrigens nur, wenn es nicht zu heiß ist. Hat es 29 Grad oder mehr, ist den Tieren die Strecke nicht zumutbar, dann wird die Wanderung entweder in die frühen Morgenstunden oder den Abend verlegt – oder überhaupt verschoben. Wanderungen gibt es das ganze Jahr über, die Tiere, die ja eigentlich in den Anden auf 2000 bis 4000 Metern Höhe leben, mögen gemäßigtere Temperaturen am liebsten.

STRIOK'S LAMAS
Familie Striok
Bergstraße 30, 7082 Donnerskirchen
Tel.: +43/(0)676/756 5737
E-Mail: ewald.striok@gmx.at
www.lama-wanderungen.at

Kosten für eine dreistündige Wanderung: ab 20 Euro pro Person (inkl. Jause), für Kleinkinder gibt es Sonderpreise. Längere Touren kosten 25 Euro pro Person. Reservierung bzw. Buchung für alle Touren im Vorfeld unbedingt erforderlich.

Öffi-Anreise: Mit dem Zug zum Beispiel nach Eisenstadt und von dort mit dem Regionalbus 280 bis Donnerskirchen Bundesstraße. Nach Absprache holt die Familie Striok Gäste auch mit dem Auto vom Bahnhof ab.

www.stmartins.at
DEFENDER
ND 300 CI
ST.MARTINS
THERME LODGE
www.stmartins.at

– 8 –

BIRDWATCHING IN DER ST. MARTINS LODGE

AUF SAFARI IM SEEWINKEL

In den schier endlosen Weiten des Nationalparks Neusiedler See-Seewinkel lassen sich mithilfe eines kundigen Rangers erstaunlich viele Tierarten entdecken. Mit Forscherpass und Fernglas hat der Ausflug Safaricharakter. Und das im Burgenland.

Es kommt einem beim Wort Safari nicht als Erstes in den Sinn: das Burgenland. Dass man hier, im Seewinkel, eine knappe Autostunde von Wien entfernt, auf Safari gehen kann, klingt ein bisschen vermessen. Dachte man am Anfang. Ausgangspunkt der Safaris, die es je nach Jahreszeit und Wünschen der Besucher mit unterschiedlichen Schwerpunkten gibt, ist die „St. Martins Therme & Lodge" in Frauenkirchen. Spontan auf eine Safari aufzubrechen ist ob der großen Nachfrage kaum möglich, man sollte seine Wunschtour unbedingt vorab buchen. In Frauenkirchen trifft man dann einen der elf Ranger – ja, die heißen wirklich so, und es klingt wunderbar nach Abenteuer –, um im Land Rover oder bei größeren Gruppen im Kleinbus aufzubrechen.

Einer der Klassiker ist eine **Birdwatching-Tour** durch den Nationalpark Neusiedler See-Seewinkel, der mit seinen 450 Quadratkilometern unendlich weit wirkt. Hier kann man erstaunlich viele Vögel, aber auch andere Tiere entdecken. Das Abenteuer beginnt damit, dass der Ranger jedem leihweise ein Fernglas austeilt. Bei der Birdwatching-Tour bekommen die Teilnehmer einen hübsch gestalteten Vogelpass, in dem sie viele

◀ *Im Landrover geht es auf Vogelsafari.*

Jeder Teilnehmer bekommt ein Fernglas.

Mit etwas Glück sieht man einen Löffler.

naturalistische Darstellungen der Vogelarten plus deren Charakteristika finden. Bucht man die etwa zweistündige **Familiensafari,** die sich für Kinder ab fünf Jahren eignet, erhalten die Kinder zusätzlich einen Forscherpass, in dem sie eintragen können, welche Tierarten sie schon entdeckt haben. Das spornt extra an, besonders genau durch das Fernglas zu schauen.

Das Spannende an den Safaris: Keine gleicht der anderen. Die Ranger entscheiden spontan, wohin die Tour geht: je nach Wetter, Jahreszeit und ihrem Wissen, wo es derzeit die besten Spots zum Vögelbeobachten gibt. Angeboten werden die Safaris das ganze Jahr über – und praktisch bei jedem Wetter. Denn Regen störe viele Tiere nicht, erklärt Manfred Haider, stellvertretender Leiter der St.-Martins-Ranger. Im Gegenteil: Sind die Wiesen feucht, lockt das viele Vögel auf der Suche nach Futter an. Und auch im Winter gibt es einiges zu entdecken. An einem späten Wintertag, an dem der Frühling naht, ist die Chance, besonders viele verschiedene Vogelarten zu sehen, groß: Denn viele der sogenannten Wintergäste – Vogelarten, die im Seewinkel die kalte Jahreszeit verbracht haben, ehe sie wieder Richtung Norden ziehen – sind noch hier. Und die ersten Rückkehrer sind ebenfalls bereits da.

ZIESEL AUF DEM CAMPINGPLATZ

Zuallererst aber geht es an einen eher ungewöhnlichen Ort. Nach wenigen Minuten Fahrt durch die flache Landschaft – Felder, Wiesen, gelegentlich Weingärten – stoppt Ranger Manfred Haider den Land Rover vor dem Campingplatz am kleinen **Zicksee,** der um diese Jahreszeit naturgemäß verwaist ist. Aber doch nicht ganz so leer, wie man auf den ersten Blick glaubt, denn die Ziesel sind schon aus dem Winterschlaf erwacht. Als unkundiger Besucher sieht man zuerst einmal gar nichts. Dank der Hinweise des Rangers und ein bisschen Konzentration entdeckt man zwei helle Flecken auf der Wiese, die sich tatsächlich als Exemplare des europäischen Ziesels entpuppen. Mithilfe des Fernglases sind die Tiere aber gestochen scharf zu erkennen, ehe sie davonflitzen.

Haider erzählt dabei, dass es hier am Campingplatz 150 bis 200 Ziesel gibt. Vor Jahrzehnten wurde der Campingplatz direkt über einer **Zieselkolonie** errichtet, seither leben Sommerurlauber und die Tiere hier in friedlicher Eintracht. Auch über Nahrung und Verhaltensweise der Ziesel erfahren große und kleine Safariteilnehmer vieles: Haider erzählt, dass sich die streng geschützten Ziesel besonders wohlfühlen, wenn sie ein weites Blickfeld haben und die Wiesen gemäht sind. So können sie ihre Feinde – wie die Rohrweihe, eine für den Neusiedler See typische Greifvogelart, die die Teilnehmer später noch entdecken werden – besser erkennen. Während der Fahrt zeigt der Ranger immer wieder auf einen auffliegenden oder auf einem Ast sitzenden Vogel und erkennt trotz vieler Meter Entfernung sogleich die Art: ein Blutspecht hier, ein Kiebitz dort, ein Mäusebussard, eine der häufigsten Greifvogelarten Europas, der eben Beute geschlagen hat. Und immer wieder viele Wasservögel, von der Kolben- bis zur Pfeifente und viele, viele Gänse.

AM SCHNATTERN DIE GÄNSEART ERKANNT

Über dem Auto steigt ein Trupp Gänse auf. Am Geschnatter der Tiere erkennt der Ranger – der studierte Geograf beobachtet seit Kindheitstagen Tiere in der Natur –, dass es sich um Blessgänse handelt. Von diesen gibt es im Herbst und Winter zwischen 20.000 und 30.000 im Seewinkel, allerdings sind sie Durchzügler (oder Gastvögel), die hier nicht brüten, sondern weiterziehen. Bis zu 50.000 Gänse machen im Seewinkel auf dem Weg in den Norden halt. Nur die Graugänse, die man während der Tour immer wieder in größeren Trupps durch das Fernglas beobachten kann, brüten hier. Im **Frühling** werden sich die Trupps auflösen und etwa 1000 Gänsepaare rund um den Neusiedler See brüten. Dies ist eine gute Jahreszeit für Birdwatcher. Dank Balz- und Brutzeit sind viele Vogelarten aktiv, zeigen sich im Prachtkleid (statt dem herbstlichen Schlichtkleid),

Eine gut getarnte Waldohreule

die Vielfalt ist groß. Auch viele Wattvögel, die sich in den flachen Lacken wohlfühlen, kommen dann an: Uferschnepfen, Strandläufer oder Säbelschnäbler etwa. Insgesamt gibt es im Seewinkel rund 350 Vogelarten, von den anderen Tieren gar nicht zu reden. Natürlich sieht man während einer Tour nur einen kleinen Teil der Tiervielfalt – und doch erstaunlich viel.

Auch der **Herbst** ist eine gute Jahreszeit für eine **Birdwatching-Safari:** Dann führt die Tour vorbei an verblühten Sonnenblumenfeldern, man sieht Hunderte Stare über den Weingärten kreisen und entdeckt viele Arten, die gerade auf dem Durchzug in den Süden sind. „Ein Kampfläufer-Männchen", sagt Haider und bremst den Land Rover. Auf langen Beinen stakst der braun gefiederte Vogel durch das flache Wasser. Wenig später entdeckt man den deutlich größeren Löffler mit seinem weißen Gefieder im Wasser. Er hat hier sein einziges Brutgebiet in Österreich und wird vermutlich in Afrika überwintern. Später sieht man unter vielen anderen auch noch einen Grünschenkel, dessen charakteristische, leicht nach oben gebogene Schnabelform wie auch seine namensgebenden langen grünen Beine durch das Fernglas gut zu erkennen sind.

WALDOHREULEN AUS DER NÄHE

Geht man in der kalten Jahreszeit auf Safari, stoppen die Ranger mit ihren Besuchern gerne an einem ungewöhnlichen Ort: Am Rand des Nationalparks Neusiedler See-Seewinkel hält Haider das Auto vor einem Friedhof an. Denn hier haben sich **Waldohreulen** zu einer winterlichen Schlafgemeinschaft zusammengeschlossen: Zwischen November und Februar verbringen die nachtaktiven Tiere die Tage im Schutz der immergrünen, hohen Thujen auf dem Friedhofsareal. Man braucht gar nicht lange zu suchen, um die Tiere in den Bäumen zu erkennen: Prächtige, kleine Eulen, eine blickt skeptisch auf die Menschen hinunter, die neugierig zu ihr hinaufschauen. So nahe hat man selten eine Eule in freier Natur gesehen. Der Ranger zieht Latexhandschuhe an und bückt sich, um das Gewöll der Eulen – jene Nahrungsreste, die sie erbrechen – aufzuheben. Zwischen dem Fell findet man auch den winzigen Schädel einer verspeisten Maus.

Die meiste Zeit über sitzt man bequem im Land Rover, ab und zu aber steigt man für kurze Spaziergänge aus, um dabei auch anderen Tieren nahe zu kommen. Denn im Seewinkel, das eines der trockensten und wärmsten Gebiete Österreich ist, leben auch Hunderte Rinder. Das **ungarische Steppenrind** – eine hellgraue, früher als Arbeitstier eingesetzte Rasse – und die schwarzen Wasserbüffel sorgen in der warmen Jahreszeit dafür, dass sich der Schilfgürtel nicht zu weit ins Land hinein ausbreitet und dass es, wie es Haider ausdrückt, nicht zur Verbuschung kommt. Anders gesagt: Die etwa 400 Rinder, die hier auch zum Erhalt dieser seltenen Rassen gezüchtet werden, dienen auch der Landschaftspflege. Bis Ende April sind die Tiere im Freiluftrinderstall untergebracht, ab Mai können sie sich in den schier endlosen Weiten des Nationalparks ausbreiten. Über kleine Wege geht es mit dem Land Rover zurück zur Lodge. In ihren Forscherpässen konnten die Kinder allerlei Tierarten ankreuzen. Und das Wort Safari kommt einem plötzlich gar nicht mehr seltsam vor.

ST. MARTINS THERME & LODGE
Im Seewinkel 1, 7132 Frauenkirchen
Tel.: +43/(0)2172/20500-671 (Ranger)
E-Mail: naturerlebnis@stmartins.at
www.stmartins.at

Angebot: ganzjährig unterschiedlich lange Birdwatching- und Entdeckertouren sowie Familiensafaris (Start: St. Martins Lodge). Reservierung unbedingt erforderlich!

Kosten: ab 12 Euro für Erwachsene. Familiensafari (2 Stunden) pro Person 20 Euro; kleine Entdeckertour (1,5 Stunden): für Erwachsene 19 Euro, für Kinder 11 Euro.
Weitere Angebote (u. a. Ziegen- oder Eselwanderungen) auf der Website.

– 9 –

BURG FORCHTENSTEIN UND REPTILIENZOO FORCHTENSTEIN

EIN FLIEGENDES KROKODIL, DRACHEN UND VIELE WAFFEN

Auf Burg Forchtenstein im Burgenland kann man nicht nur viele Gemälde und eine riesige Waffensammlung entdecken, sondern auch allerlei kuriose Tiere in der Schatzkammer bewundern – und sogar Graf Dracula auf einem Gemälde sehen. Im nahe gelegenen kleinen Reptilienzoo warten Schlangen, Eidechsen und andere Tiere.

Man sieht sie schon aus der Ferne auf einem Ausläufer des Rosaliengebirges thronen. Mächtig wirkt sie noch immer, auch wenn längst keine Fürsten mehr hier wohnen und sie heute ein Museum ist, das von den vielen Jahrhunderten erzählt, die es die Burg Forchtenstein schon gibt. Ihre Ursprünge reichen bis um das Jahr 1300 zurück, 1622 wurde sie von Kaiser Ferdinand II. an Nikolaus Esterházy übergeben, seither steht sie im Familienbesitz und ist heute Teil der Esterházy Privatstiftung.

Hat man das Auto auf dem Parkplatz abgestellt, betritt man die Anlage über eine breite Holzbrücke. Fast schade, dass es die alte Zugbrücke nicht mehr gibt, die man sich hier aber leicht vorstellen kann, auch weil man beim Betreten in den einstigen, tiefen Burggraben blickt. Ob er wohl mit Wasser gefüllt war? Ob darin Krokodile geschwommen sind, wie in

◄ *Die beeindruckende Burg Forchtenstein aus der Vogelperspektive*

Ungewöhnlich und unvergesslich: das schwebende Krokodil

den Rittergeschichten? Wohl eher nicht. Trotzdem wird man sehr bald nach Betreten der Anlage einem mehr als zwei Meter langen **ausgestopften Krokodil** begegnen. Wobei das riesige Nilkrokodil schon seit 1706 in der Durchfahrt, die in den Innenhof führt, an der Decke unter dem fürstlichen Wappen hängt: das Maul geöffnet, gegen Osten gerichtet, um die Burg vor den Feinden, den Osmanen, zu schützen. Offenbar mit Erfolg: Die Burg Forchtenstein wurde in all den Jahrhunderten nie eingenommen.

ERFUNDENE VORFAHREN

All das erfährt man bei einer der **Führungen,** die es hier das ganze Jahr über mit verschiedenen Schwerpunkten gibt. Die Innenräume der Burg kann man

Graf Vlad III. Tepes, der historische „Dracula"

teilweise zwar auch ohne Führung besichtigen, wie etwa die Ausstellung „Helden, Schätze, Beutestücke". Wie so oft erfährt man natürlich im Zuge einer Führung mehr, wer mit Kindern kommt, ist wahrscheinlich mit jener durch die **Ahnengalerie** nicht ganz so gut bedient wie mit den anderen Möglichkeiten. Obwohl es auch hier sehr interessante Erzählungen gibt: Jene der Fantasieahnen etwa. Wie andere Adelshäuser füllten auch die Esterházy die Lücken in der Ahnenfolge ihrer Stammbäume sehr großzügig mit frei erfundenen Fantasieahnen, denen vorbildliche Tugenden und beeindruckende Eigenschaften angedichtet wurden. In der Gemäldegalerie der Burg Forchtenstein gibt es außergewöhnlich viele Gemälde von frei erfundenen Vorfahren der Esterházy zu sehen.

Kinder wird am meisten das Porträt von Vlad III. Tepes, dem „Pfähler", beeindrucken, wenn sie erfahren, dass dieser die historische Vorlage für Bram Stokers berühmten Dracula war. Dem Dargestellten wurden irgendwann die vormals graublauen Augen ausgekratzt, vermutlich aus Furcht vor seinem schrecklichen Blick. Vlad III. war dafür berüchtigt, seine Feinde besonders grausam töten zu lassen. Keine ganz leichte Kost also, jüngere Kinder sollte man vorwarnen und auf das, was sie hier erleben, vorbereiten.

Für ältere ist das alles natürlich aufregend, vor allem auch für jene, die sich auch für Waffen interessieren. Nach dem Tod von Fürst Paul I. Esterházy im Jahr 1713 wurde die Burg als Militärdepot genützt. Militärische Ausrüstungsgegenstände, auch jene der Feinde, die man im Kampf erobert hatte, werden auf der Festung aufbewahrt, ein großer Teil

Glasgranaten, die mit Schwarzpulver befüllt wurden

Viele, viele Helme lagern in der Burg.

ist heute für die Besucher zu sehen. Für historisch Interessierte ist das **Forchtensteiner Militärdepot** – eines der weltweit größten in privater Hand – eine wahre Schatzkammer.

▲ *Ein Höhepunkt der Führung: das osmanische Prunkzelt*

KURIOSITÄTENSAMMLUNG

Die Sammlung wird laufend restauriert und möglichst im Originalzustand gezeigt. Stolz ist man auch auf die große Menge an Satteltaschen aus napoleonischer Zeit, die ganze Wände füllen. Eines der Highlights ist aber zweifellos das osmanische Prunkzelt, das der Überlieferung nach durch Nikolaus Graf Esterházy von den Osmanen erbeutet wurde und eines der größten erhaltenen Feldherrenzelte aus der Zeit der Türkenkriege im 17. Jahrhundert ist. Damit man auch die Unterseite des aufwendig bestickten Vorzeltes bestaunen kann, wurde am Boden ein Spiegel angebracht.

Richtig spannend wird es, wenn man im Zuge einer Führung hinunter in die **Kunst- und Wunderkammer** geht. Einer Sammlung an Schätzen und kuriosen Dingen, die einst durch ein aufwendiges Sicherheitssystem geschützt wurde: So waren die gut versteckten Räume durch mehrere Schlösser gesichert. Neben den vielen wertvollen Schätzen – darunter ungeheuer aufwendige Spieluhren, Stücke aus Elfenbein sowie Hunderte römische und byzantinische Münzen – ist es vor allem die Kuriositätensammlung, die diese in einem märchenhaften Gewölbe untergebrachte Kunst- und Wunderkammer so besonders macht. Hier finden sich fingierte Präparate wie das Horn eines Einhorns, ein geflügelter Marder oder auch ein Schweizer Drache. Besonders gruselig wirken sie, wenn sie in den düsteren Räumen nur mit einer Taschenlampe angestrahlt werden – und unheimliche Schatten an die Decke werfen.

Weiter geht es durch die einstige **Bäckerei** und **Küche** zu einer riesigen **Waffenkammer** aus dem 19. Jahrhundert, die im Originalzustand her-

Im Kanonenkeller der Burg

gezeigt wird: Hier gibt es Lunten- und Steinschlossgewehre, eine steile Treppe führt hinunter in den Kanonenkeller, in dem einige imposante Kanonen, Kanonenkugeln und Schrotladungen zu sehen sind. Die Führung endet draußen beim **Brunnen,** der unglaubliche 45 Meter in die Tiefe geht. Wenn man Wasser in den Schacht gießt, dauert es eine gefühlte Ewigkeit, bis man es unten ankommen hört.

VERKLEIDEN ERWÜNSCHT

Eine ungewöhnlichere Möglichkeit, die Burg zu entdecken, ist die sogenannte **„Draculade",** für die man aber etwas vorausplanen muss. Findet sie doch nur an Samstagen vor und nach dem Vollmond statt und nur gegen Voranmeldung. Für mutige Kinder ab sechs Jahren, die schon Geschichten von Folter und Vampiren aushalten, ist die „Draculade" die wohl aufregendste Art, die Burg Forchtenstein zu entdecken. Eltern können natürlich auch mitgehen. Jeder Teilnehmer sollte eine Taschenlampe mitbringen und kann gerne verkleidet und geschminkt kommen. Am Beginn der Draculade-Tour bekommt jedes Kind einen schwarzen

Für Kinder geht es immer wieder spezielle Führungen und Workshops.

Für Mutige: die Draculade-Führung durch die Burg

(Vampir)Umhang, ehe es beim erwähnten Krokodil als erste Station losgeht. Damit die Kinder vor Geistern und Vampiren geschützt sind, basteln sie gemeinsam mit dem Burgführer Schutzsäcke, die mit Knoblauch und Kräutern gefüllt sind. Natürlich kommt die Gruppe im Laufe der Tour, die etwa eineinhalb Stunden dauert, auch am Gemälde von Vlad III. Tepes vorbei, steigt aber auch ins Verlies hinab, das sonst nicht für Besucher zugänglich ist, und hört auch die eine oder andere unheimliche Geschichte und Sage. Mit etwas Glück entdecken die Kinder während des Rundgangs sogar echte Fledermäuse, sie kommen aber jedenfalls an den wichtigsten Highlights der Burg – vom Brunnen über das Zeughaus – vorbei.

SELTENE SCHLANGEN

Nur wenige Meter neben der Burg befindet sich der kleine **Reptilienzoo Forchtenstein,** der für Kinder ein netter kleiner Ausflug ist. Mit großen Zoos ist der privat geführte Reptilienzoo in Größe und Breite des Angebots natürlich nicht vergleichbar, dafür sieht man hier aber durchaus viele spannende Tierarten wie die Königskobra, die größte Giftschlange der Welt, und zahlreiche andere Schlangenarten von Python bis Boa Constrictor.

▼ *Im Reptilienzoo gibt es den Brauen-Glattstirnkaiman zu entdecken.*

◄
Auch Orangebein-Vogelspinnen leben im Reptilienzoo.

Da der Reptilienzoo immer wieder auch illegal geschmuggelte und vom Zoll aufgegriffene Tiere bei sich aufnimmt, gibt es hier auch zwei Ara-Pärchen zu sehen, Schildkröten, Eidechsen und vieles mehr. Vielen Tieren ist man nur durch die Glasscheibe getrennt sehr nah, viele Vitrinen sind auch so tief, dass kleinere Kinder einen guten Blick haben – wenn nicht, kann man sich ein Stockerl ausborgen. Ebenfalls zu sehen gibt es – Arachnophobiker seien gewarnt – eine Vielzahl an Vogelspinnen, die aber in einem abgetrennten Bereich untergebracht sind, den man auch auslassen kann. An den Wochenenden gibt es die Möglichkeit, bei Fütterungen zuzuschauen oder (ungiftige) Tiere auch anzugreifen, um Ängste abzubauen.

BURG FORCHTENSTEIN
Melinda-Esterházy-Platz 1
7212 Forchtenstein
Tel.: +43/(0)2626/81212
www.esterhazy.at

Geöffnet: März bis Anfang November 10 bis 17 Uhr, Kassaschluss um 16 Uhr, restliche Saison: nur Führungen zu ausgewählten Uhrzeiten, siehe Website

Eintritt: Erwachsene 11 Euro, ermäßigt/Gruppen 9 Euro, Familien 23 Euro

REPTILIENZOO FORCHTENSTEIN
Melinda-Esterházy-Platz 6
7212 Forchtenstein
Tel.: +43/(0)2626/81439
www.reptilienzooforchtenstein.com

Geöffnet: April bis September 10 bis 18 Uhr (letzter Einlass 17 Uhr), Oktober bis März: Sa, So und Feiertag 10 bis 17 Uhr

Eintritt: Erwachsene 12,50 Euro, Kinder ab fünf Jahre 6,50 Euro

– 10 –

ZINNFIGURENWELT KATZELSDORF

DIE GANZE WELT IM KLEINEN

Wer das Wort Zinnfigur hört, wird höchstwahrscheinlich zuerst an Soldaten denken. Zinnsoldaten eben. Eine naheliegende, aber auch kurzsichtige Schlussfolgerung, zumindest wenn es um die Zinnfigurenwelt Katzelsdorf im Süden von Wiener Neustadt geht. Zwar gibt es hier auch viele Zinnsoldaten, aber von historischen Spielen über Märchen- und Romanfiguren noch viel mehr zu entdecken.

Von außen ist die Zinnfigurenwelt Katzelsdorf, 2001 eröffnet, 2004 um ein zweites Geschoß erweitert, ziemlich unspektakulär. Das ehemalige Wirtschaftsgebäude von Schloss Katzelsdorf – selbiges ist am anderen Ende des Parks zu sehen, aber nur in der Adventzeit zum dortigen Weihnachtsmarkt besuchbar – ist von außen ein einstöckiger, nicht sehr glamouröser Bau. Drinnen aber wird man in den Schaukästen so viel entdecken können, dass man auch mit viel Ausdauer gar nicht alles schaffen wird. Kein Wunder, dass – wie Museumsdirektor Franz Rieder bei der Führung erzählt – viele Besucher wiederkommen. Daher wird auch jedes Jahr ein Drittel der Schau ausgetauscht, um den Stammbesuchern Abwechslung zu bieten. Und um die Schätze überhaupt alle nach und nach herzeigen zu können: Im Depot lagern rund 400.000 Zinnfiguren, die Sammlung wird durch Schenkungen und auch durch neue Käufe bei Auktionen und Börsen ständig erweitert.

◄ *Mit Zinnfiguren werden in Katzelsdorf viele historische Ereignisse dargestellt.*

Eine Szene aus Robert Louis Stevensons „Die Schatzinsel“

SPIELFIGUREN AUS ZINN

Man muss also keineswegs ein großer Freund von mit kleinen Figuren nachgestellten Kriegsszenen sein, damit sich der Besuch in Katzelsdorf lohnt. Beginnt man etwa im ersten Stock, der auch mit Lift barrierefrei erreichbar ist, bekommt man eine kleine **Geschichte der Brettspiele** anhand der Schaustücke erzählt, die durchaus überrascht. Wunderbar altmodisch die Spielbretter der Spiele, die Namen wie „Die Reise ins Schlaraffenland“ oder „Reise in die Alpen“ tragen. Die Figuren – Männer und Frauen in Tracht – sind aus Zinn, beim legendären Wiener Stadtbahnspiel waren es kleine Straßenbahnen im typisch wienerischen Rot-Weiß, die als Spielfiguren aus Zinn produziert wurden. Nicht immer freilich kam Zinn, auch wenn es damals im 19. Jahrhundert kein teures Material war, zum Einsatz. Wie man anhand des Strategie-

Museumsdirektor Franz Rieder

spiels „Marschall vorwärts!" aus dem Jahr 1913 sieht, gab es bei manchen Spielen eine Luxusausgabe mit Zinnfiguren und eine sogenannte „Volksausgabe", bei der Spielfiguren und Würfel aus dem billigeren Holz gefertigt waren. Auch das immer noch populäre Fußballspiel „Tipp Kick" wurde viele Jahre lang mit kleinen Fußballern aus Zinn ausgeliefert. Die erste Version erschien schon 1925. Besucher können hier eine moderne Variante des Klassikers auch selbst ausprobieren.

Zwischen den historischen Brettspielen gibt es im ersten Stock weitere Dinge zu entdecken. In einem Schaukasten wurde mit unglaublicher Akribie eine Szene aus Robert Louis Stevensons „Die Schatzinsel" nachgestellt: Piratenboote, die bis ins kleinste Detail nachgebildet wurden, dazu viele finstere Piratenfiguren und wer genau schaut, entdeckt im (Plastik)Wasser Haie aus Zinn. Da gibt es nicht nur für Kinder viel zu entdecken. Im ersten Stock befindet sich auch eine kleine **Schau alter Puppen** samt Zubehör, ein bisschen unheimlich ist die Puppe mit den drei Gesichtern, deren Kopf man drehen kann, um ihr einen anderen Gesichtsausdruck zu verleihen.

EINKEHRTIPP

GenussBauernhof Böhm
Hauptstraße 86
2801 Katzelsdorf
Tel.: +43/(0)2622/78001
heuriger.boehm@aon.at

FIGUREN WERDEN HIER AUCH GEGOSSEN

Sehr beeindruckend, egal ob man das historische Wissen mitbringt oder nicht, ist auch die große **Szene mit Zinnfiguren,** in der der Auszug Friedrich III. und seines Sohns Maximilian aus Aachen bei der Krönung Friedrichs zum römisch-deutschen König 1442 dargestellt wird. Hunderte sogenannte Flachfiguren, alle unterschiedlich kostümiert und bemalt, kann man hier entdecken. Wie bei den anderen

In den Schaukästen gibt es eine Vielzahl an Details zu entdecken.

historischen Schaukästen und Szenen auch sind Gewand, Hintergrundkulisse und andere Details authentisch. Bevor ein Diorama oder auch nur eine einzelne historische Figur ausgestellt oder verkauft wird, werde sie von Historikern auf ihre Authentizität überprüft, erzählt Museumschef Rieder.

Denn die Zinnfigurenwelt Katzelsdorf ist nicht nur ein Museum, hier werden auch Zinnfiguren aller Art hergestellt, etwa 60.000 sind es im Jahr, die dann in alle Welt ausgeliefert werden. Gegossen werden sie nach demselben Verfahren wie früher und großteils in alten Formen aus Schieferstein: Die Zinnfigurenwelt hat nämlich drei der einst fünf österreichischen Zinnfigurenhersteller übernommen und verfügt damit mittlerweile über mehr als 1200 verschiedene Formen.

All das erfährt man im Zuge einer Führung. Mit kleineren Kindern, die vielleicht noch weniger Ausdauer haben, kann es ratsamer sein, die zwei Stockwerke auf eigene Faust und im selbst gewählten Tempo zu entdecken. Wobei eine Führung – die etwa eine Stunde dauert – grundsätzlich durchaus empfehlenswert ist, weil Direktor Rieder und seine Mitarbeiter viele Anekdoten zu erzählen wissen. Und vor allem auch, weil am Ende der Führung in die **Werkstatt** geführt wird, in der die Figuren gegossen werden und die vielen alten Formen – manche sind 200 Jahre alt – lagern. Dabei gibt es auch ein kleines Schaugießen, bei dem man beobachten kann, wie die Zinnlegierung, deren genaue Zusammensetzung geheim ist, in einem Tiegel geschmolzen, auf 360 Grad erhitzt und in die Formen aus Schieferstein – moderne Formen sind auch aus Aluminium oder Kautschuk – gegossen wird. Nur zwei Sekunden dauert es, ehe das

▼ *Schaugießen in der Werkstatt des Museums*

▼ *Die frisch gegossenen Figuren*

In Hunderten Schachteln lagern unzählige Figuren.

Zinn hart ist, diese kurze Wartezeit ermöglicht so eine schnelle Produktion vieler Figuren. Das Bemalen allerdings kann bei den oft winzig kleinen Figuren durchaus viel Zeit in Anspruch nehmen. Auch abseits der Führung kann man beim **Schaugießen** zuschauen: Jeden ersten Sonntag im Monat wird das alte Kunsthandwerk den Besuchern vorgeführt, die frisch gegossenen Figuren können dann auch gleich zu einem Sonderpreis erworben werden.

VON SCHNEEWITTCHEN BIS ASTERIX

Mindestens so sehenswert wie der obere Stock ist aber auch der Erdgeschoßbereich. Hier warten natürlich auch viele Zinnsoldaten, wobei man anhand der Schaustücke erfährt, dass auf dem deutschen Markt Flachfiguren üblich waren, für den englischen Markt aber Rundfiguren, die plastischer wirken, hergestellt wurden. Die ersten Figuren wurden übrigens im 18. Jahrhundert produziert, und zwar aus einer Not heraus. Den damaligen Zinnkannenmachern drohte das Aus, da die Geschirrproduktion zunehmend auf Steingut umgestellt wurde. Daher begannen sie, kleine Figuren aus Zinn zu gießen. Zu den ersten Figuren gehörten exotische Tiere, die Naturkundebüchern beigelegt wurden, um das vermittelte Wissen für Kinder anschaulicher zu machen. Denn auch wenn heute **historische Zinnfiguren** vor allem hinter Glasscheiben zu sehen und zu Sammlerstücken Erwachsener geworden sind: Früher waren sie zuallererst Spielzeug für Kinder aus besserem Hause.

Zudem hat Museumschef Rieder versucht, sein Museum nicht zur reinen Zinnfigurenschau zu machen, sondern es um andere Exponate zu ergänzen. So gibt es in den **Schaukästen** etwa auch den in Katzelsdorf gefundenen Schädel eines Germanen aus der frühen römischen Kaiserzeit sowie einige Grabbeigaben zu entdecken. Bei den Ritterszenen findet sich ein Kettenhemd, das kleine Besucher anprobieren können. Immer wieder quetschen sich allerdings auch Väter hinein.

Kinder werden hier von Glasscheibe zu Glasscheibe flitzen, an jeder Ecke gibt es etwas anderes zu entdecken: Da Schneewittchen und die sieben Zwerge und viele andere Märchen sowie einige Figuren aus Max und Moritz. Dort Asterix, Obelix und das ganze Dorf, wie es sich am Ende jedes Abenteuers zum großen Wildschweinessen einfindet. Troubadix ist dabei, wie es sich gehört, geknebelt und an den Baum gefesselt. Zu sehen gibt es auch große Dioramen, wie jenes, das die Schlacht von Sacile nachstellt, den einzigen Sieg Erzherzog Johanns aus dem Jahr 1809, detailreich und mit Hunderten Zinnsoldaten in Szene gesetzt.

Ein großes Highlight ist die **Sonderschau „Literatur und Zinnfiguren"**, die noch einige Jahre lang zu sehen sein wird. Für diese Ausstellung wurden bekannte Figuren aus wichtigen Romanen, Dramen und Gedichten aus Zinn gegossen und in Szene gesetzt. Ergänzt wird das jeweilige Schaubild häufig durch großteils historische Ausgaben der Werke. Sehr sehenswert – und sehr breit: von „Alice im Wunderland" über Homers „Odyssee" bis zum „Dschungelbuch".

Die Möglichkeit, Getränke oder einen Snack im Museum zu kaufen, gibt es leider nicht. Eine Jause mitzunehmen ist also empfehlenswert. Beim Ausgang der Zinnfigurenwelt findet sich ein kleiner **Shop,** in dem man Zinnfiguren, aber auch etwa weihnachtliche Zinnornamente für den Christbaum erwerben kann. Gleich daneben gibt es einen kleinen **Spielbereich,** in dem kleine Kinder einige Zeit lang beschäftigt

In riesigen Dioramen werden historische Schlachten mit Tausenden Soldaten nachgestellt.

sind, während sich die Erwachsenen noch die eine oder andere Szene in Ruhe anschauen. Und dann immer noch nicht alles gesehen haben werden. Am Ende versteht man durchaus, wieso viele Besucher ein zweites Mal kommen.

ZINNFIGURENWELT KATZELSDORF
Hauptstraße 69
2801 Katzelsdorf/Leitha
Tel.: +43/(0)2622/78200
E-Mail: gemeinde@katzelsdorf.gv.at
www.zinnfigurenwelt-katzelsdorf.at

Geöffnet: ganzjährig, aber nur Sa, So und Feiertag 10 bis 17 Uhr.
Ab 6 Personen ist aber ein Besuch nach Vereinbarung auch an anderen Tagen möglich.

Eintritt: 6 Euro (Erwachsene), 2,50 Euro (Kinder ab sieben Jahre), Familienkarte 12 Euro, Aufpreis für die Führung 1 Euro pro Person.

– 11 –

LAXENBURG

MÄRCHENSCHLÖSSER UND GRÜNE IDYLLE

Der Laxenburger Schlosspark ist nicht nur eine romantische Kulisse für Hochzeiten, Parkidyll und Fotomotive inklusive. Highlights für die ganze Familie sind unter anderem die kitschig-schöne Franzensburg im idyllischen Teich, das mittelalterliche Alte Schloss im Park und der Blaue Hof beim Eingang. Herrlich toben lässt es sich am weitläufigen Kinderspielplatz.

Jeder Stammbesucher, und von denen gibt es nicht zuletzt wegen der Nähe zu Wien viele, hat seinen Lieblingsort im Schlosspark. Vorbei an der Kassa, steht man vor der Entscheidung: Schlägt man sich zuerst nach links oder nach rechts? Einen kompletten Rundgang durch den Park mit seinen 250 Hektar wird man wohl nicht schaffen. Außer man hat sehr viel Zeit – und ein gutes Picknick – dabei. Kinder bis sechs Jahre, das könnte für längere Ausflüge hilfreich sein, dürfen auf den Wegen im Park (und nur dort) auch mit dem Fahrrad unterwegs sein. Älteren Kindern ist dies laut Parkordnung nicht erlaubt.

Entscheidet man sich nach dem Kassahäuschen für den Weg nach rechts, lässt die erste architektonische Attraktion nicht lange auf sich warten. Das **Alte Schloss,** in dem das Filmarchiv Austria seine Büros hat, wird seinem Namen gerecht: Es dürfte sich um das älteste noch erhaltene Gebäude auf dem Areal handeln, stammt es doch aus dem 12. Jahrhundert. Ursprünglich ein Jagdschloss, wurde es im 14. Jahrhundert von den Habsburgern übernommen und ausgebaut.

◄ *Der Concordiatempel im Park von Schloss Laxenburg*

Der „Blaue Hof" beim Parkeingang

Durch die Höfe des Alten Schlosses spazierend verlässt man die Schlossanlage auf der anderen Seite wieder durch ein Tor, der Weg führt scheinbar endlos in die Ferne, links und rechts von dicht bewachsenem Wald umrandet.

Hatte man vor dem Eingang wegen der auch an Wochentagen gut belegten Parkplätze und der Reisebusse Bedenken, der Park könnte etwas überlaufen sein, werden diese spätestens hier entkräftet. Über weite Strecken begegnet einem – mit Ausnahme zweier Gärtner – im Grünen niemand. Die Besucher verteilen, ja, verlieren sich fast in der großen **Parkanlage,** die wegen ihrer Orientierung an französischer und englischer Gartenarchitektur als eine der wichtigsten Europas gilt. Auch Hunde sind im Schlosspark Laxenburg erlaubt, brauchen aber eine eigene Eintrittskarte.

TRAUMSPIELPLATZ UND GARTENKUNST

Wirklich voll ist es in Laxenburg eigentlich nur am zu Recht sehr beliebten **Kinderspielplatz** – auf dem vor allem an den Wochenenden viel los ist. Die Erwachsenen ruhen sich hier aus, während die Kleinen die vielen (holzlastigen) Spielgeräte auf 4000 Quadratmetern ausprobieren, klettern, rutschen, schaukeln und spielen. Auch Kindern, die nicht gerne spazieren gehen, wird der Ausflug dank des Spielplatzes wohl positiv in Erinnerung bleiben. Wer mehr Aktivitäten braucht: Am anderen Ende des Parks liegt das **Erholungszentrum Laxenburg** (Zugang zur Parkanlage), in dem man auch Minigolf spielen und sich im **Waldbad** an heißen Sommertagen bestens abkühlen kann (extra Eintritt).

Man könnte auch vom Ausgangspunkt Altes Schloss zunächst nicht in Richtung Spielplatz gehen, sondern weiter über die hübsche **Löwenbrücke** in den kühlen Wald. Nach wenigen Minuten entdeckt man zu seiner Rechten den **historischen Eiskeller.**

Der Hügel, in dem alte Eingänge zu sehen sind, die eher an eine Höhle erinnern, wirkt heute etwas verfallen und erinnert kaum noch an früher, als er als Kühlraum für die Lebensmittel der Schlossherren gedient hat.

Biegt man nach dem Eiskeller in den linken Weg ein, erreicht man eine idyllische Lichtung, auf der mehrere Waldwege aufeinandertreffen. Hier steht das **Grüne Lusthaus,** ein Pavillon, der der Lieblingsort von Kaiserin Maria Theresia gewesen sein soll. Angeblich hat sie hier immer wieder Karten gespielt. Es wird auch Dianatempel genannt, weil es der Göttin der Jagd gewidmet ist und daran erinnert, dass Laxenburg einst ein Jagdgebiet war. **Waldstern** heißen die acht Achsen, die hier zusammenlaufen – charakteristisch für eine barocke Gartenanlage. Vom Lusthaus besteht zudem eine Sichtachse zum etwas weiter entfernt liegenden Concordiatempel, den man über den malerischen **Karolinenhain** erreicht, der im Zuge der Parkerweiterung unter Joseph II. nach englischem Vorbild entstanden ist. Das mag ein wenig theoretisch klingen – in der Praxis öffnen die Sichtachsen wunderbare Blicke und schaffen Kulissen, die man beim Spazierengehen entdecken kann.

EINKEHRTIPP

Der Eissalon Laxenburg
Hofstraße 7, 2361 Laxenburg
Tel.: +43/(0)2236/72752
www.eis-laxenburg.at
Saisonal unterschiedliche Öffnungszeiten, siehe Online-Infos

Der geradlinig angelegte **Forstmeisterkanal,** den man auf dem Weg zum Concordiatempel quert, ist ein Zeugnis der barocken Gartengestaltung. Ursprünglich war hier, um den geraden Charakter des Wasserlaufs zu unterstreichen, eine Pappelallee gepflanzt. Später empfand man das als zu starr und ließ an vielen Stellen Linden und andere Bäume wachsen,

▼ *Mit Kindern Pflicht: der große Spielplatz im Park.*

Malerische Wege durch die Anlage

Die Franzensburg erreicht man auch mit der alten Fähre.

um den Kanal natürlicher wirken zu lassen. Dann hat man endlich den **Concordiatempel** erreicht, der – wie der Name verrät –, als Symbol für die Eintracht der Völker und vor dem Hintergrund der Französischen Revolution 1795 errichtet wurde.

DIE RITTERBURG VON KAISER FRANZ

Über Wiesen, Haine und kleine Waldstücke geht es weiter in Richtung des großen **Schlossteichs** mit seinen sieben Inseln, eines der Highlights auf dem mächtigen Areal. Hier gibt es auch einen Imbissstand, bei dem man sich mit bestem Blick aufs Wasser bei einem Eis stärken kann. Auf einer der sieben Inseln thront das wohl bekannteste Bauwerk Laxenburgs, die **Franzensburg.** Namensgeber war Kaiser Franz II./I. – ein weiterer Habsburger, der den Park erweitern und zu einem englischen Landschaftsgarten umgestalten ließ. Historisch interessierte Besucher können das Burginnere im Zuge einer Führung besichtigen, die mehrmals täglich angeboten wird. Immer wieder gibt es auch **Mondscheinführungen** in der Burg – dabei spaziert man auch auf den Hohen Turm und über die Dächer der Anlage.

Bei Schönwetter kann man sich ein Boot ausleihen.

Die Franzensburg ist aber auch nur von außen sehenswert, empfehlenswert ist die **Fahrt mit der**

Fähre über den Teich zur Burg. 1807 wurde die Brücke, die bis dahin die Verbindung zum Festland dargestellt hatte, abgebrochen. Stattdessen wurde, dem romantischen Zeitgeist entsprechend, die erste Fähre vom Festland zur Franzensburg in Betrieb genommen. 1811 fuhr sie auf Zugseilen das erste Mal hin und her und avancierte zur heimlichen Attraktion im Park. An der Technik von damals hat sich nicht viel geändert, das heutige Schiff stammt aus den 1960ern, was noch für etwas nostalgische Patina reicht. Außer man mietet sich beim **Bootsverleih** ein Tret- oder Elektroboot und erkundet den immerhin 25 Hektar großen Teich auf eigene Faust, vielleicht sogar bis ganz nach hinten zur **Marianneninsel.** Entengeschnatter, Sonnenschein (der Bootsverleih hat nur bei Schönwetter geöffnet) und hübsche Fotomotive sind inklusive.

SCHLOSS LAXENBURG
Schlossplatz 1, 2362 Laxenburg
Tel.: +43/(0)2236/71226-0
E-Mail: office@schloss-laxenburg.at
www.schloss-laxenburg.at

Geöffnet: Die Parkanlage ist ganzjährig geöffnet, Bootsvermietungen und Führungen auf der Franzensburg von April bis Oktober.

Eintritt: Parkeintritt (Tageskarte)
Erwachsene 2,30 Euro,
Kinder (6 bis 14 Jahre) 1 Euro,
Hunde 2,10 Euro.
Franzensburg: 10 Euro

Anreise: am schnellsten per Pkw (es gibt 1000 Parkplätze). **Öffi-Anreise:** mit der Autobuslinie 200 ab Wien Hauptbahnhof (bis Laxenburg Franz-Josephs-Platz), mit der Badener Bahn bis Wiener Neudorf und von dort mit dem Bus 215 bis Franz-Josephs-Platz. Von dort ist es nur ein kurzer Fußweg bis zum Haupteingang.

WALDBAD LAXENBURG
Münchendorfer Straße 7b
2361 Laxenburg
Tel.: +43/(0)2236/7133450
www.wwo.at

Eintritt: Tageskarte Erwachsene 6 Euro, Jugendliche (15 bis 18 Jahre) 5 Euro, Kinder ab sechs Jahre 4 Euro

– 12 –

WANDERN AM PFAFFSTÄTTNER KOGEL

EINE HÖHLE, EINE HÜTTE UND KEINE EINÖDE

Eine kleine Wanderung im Wienerwald zur Rudolf-Proksch-Hütte mit dem besten Blick ins Land. Am Weg hinauf kann man einen spannenden Abstecher in die kleine, aber abenteuerliche Einödhöhle machen.

Wahrscheinlich gibt es attraktiver klingende Ausgangspunkte für eine Wanderung. Aber sie geht nun einmal in der Einöde los, konkret in der Einödstraße bei Pfaffstätten, an der man auf einem kleinen Parkplatz das Auto zurücklassen kann. Wer eine kurze, aber etwas anstrengende Tour durch den Wienerwald plant, könnte am Fuße des **Pfaffstättner Kogels** starten. Je nach Kondition geht man hier 30 bis 45 Minuten bergauf, sofern man keine Pausen einlegt. Die Wanderung lohnt sich seit geraumer Zeit umso mehr: Denn 2017 hat oben am Kogel endlich wieder die **Rudolf-Proksch-Hütte** geöffnet, bei der man sich bei allerbester Aussicht mit einem Getränk oder auch einem typischen Hüttenessen (Gulasch, Kässpätzle) stärken kann.

Zunächst aber geht es durch den Buchenmischwald hinauf, die Route ist auch an warmen Tagen machbar. Fast immer geht man im Schatten oder zumindest Halbschatten. Für Kinder, die Wanderungen oder längere Spaziergänge gewöhnt sind, ist dieser Ausflug durchaus geeignet. Mit Kinderwagen kommt man auf den Waldwegen allerdings nicht sehr weit.

◄ *Kleine Höhlenforscher können die Einödhöhle auf eigene Faust erkunden.*

HINEIN IN DIE HÖHLE

Auch wenn die Kinder vielleicht ein bisschen maulen, weil es doch anstrengend ist: Am Weg hinauf gibt es glücklicherweise einen spannenden Stopp, der die Mühen vergessen lässt. Wer nämlich nach einigen Minuten im Wald an der Weggabelung nicht den Weg zur Proksch-Hütte nimmt, sondern links abbiegt und dem Wegweiser zu den **Einödhöhlen** folgt, kommt an einem lohnenswerten Zwischenhalt vorbei. Die Höhlen, nach einigen Minuten Fußmarsch linker Hand vom Weg gelegen, sind ein frei zugängliches, kleines Höhlensystem, das man ohne Eintritt auf eigene Faust entdecken kann. Die Abzweigung zur Höhle kann man allerdings durchaus übersehen, da sie nicht ausgewiesen ist: Man muss also aufmerksam linker Hand in den Wald schauen oder auf Handyempfang hoffen und sich vom Navi leiten lassen.

Das Erkunden der Einödhöhlen ist so abenteuerlich, wie es klingt. Eine Taschenlampe mitzunehmen ist eine gute Idee, die Handy-Taschenlampe ist in den doch ziemlich dunklen Höhlen nicht stark genug, feste Schuhe sind Pflicht. Früher hieß die Höhle „Fledermaushöhle“, weil es hier zahlreiche Fledermausarten gab. Heute lebt hier nur noch die Kleine Hufeisennase. Die Gänge und Räume im Inneren (alles sehr niedrig!) haben wunderbare Namen wie „Thronsaal“ oder „Zerfressene Wand“. Wer beim

In der Einödhöhle

westlichen Eingang hineingeht, kann durch die unter Naturschutz stehenden Höhlen spazieren und kommt nach einigen Minuten, vorbei am „steinernen Meer“ und durch den „Bärengang“, beim östlichen Ein- beziehungsweise Ausgang wieder hinaus. Angeblich waren diese Höhlen schon in der Urzeit besiedelt.

Ein kleines Stück weiter oben gibt es eine Höhle mit noch märchenhafteren Namen: Die **Elfenhöhle,** in der sich unter anderem ein Raum namens „Schneewittchens Grab“ befindet. Diese Höhle ist allerdings leider nicht zugänglich. Wer möchte, kann auf einer Bank vor den Einödhöhlen jausnen, sonst kommt man am Weg bergauf bei keinem Jausenplatz mehr vorbei.

Wer einen Abstecher zu den Höhlen einplant, muss, je nach Höhlenbegeisterung der Familie, etwas mehr Zeit einplanen, ehe man am Ziel ankommt. Umdrehen und zur Weggabelung zurück muss man aber nicht, auch dieser Weg an der Höhle vorbei führt hinauf zur Rudolf-Proksch-Hütte auf dem Pfaffstättner Kogel. Vielen Niederösterreichern aus der Gegend ist diese seit 1930 bestehende Hütte – die der Sektion „Gebirgsverein Ortsgruppe Baden“ des Alpenvereins gehört – natürlich ein Begriff. Einige Zeit war sie geschlossen. Mit Sigrid und Peter Artner hat man 2017 neue Pächter für die generalsanierte und vergrößerte Hütte gefunden, die ganzjährig in Betrieb ist. Vieles, wie die Küche, wurde modernisiert, dennoch ist im Inneren erfreulicherweise der urige Charakter der alten Hütte immer noch unübersehbar und die gemütliche Stube weitgehend unverändert geblieben.

GASTGARTEN MIT TOLLER AUSSICHT

Noch besser sitzt man in den warmen Monaten freilich im Freien, im Gastgarten wird man mit einem wunderbaren Weitblick belohnt. Für die Kinder gibt es direkt unterhalb der Hütte einen feinen, im Hang gelegenen **Spielplatz.** Nicht riesig, aber groß genug, damit man als Erwachsener ein paar Minuten in der Sonne sitzen und die Aussicht genießen kann. Wer einen noch spektakuläreren, weil 360-Grad-Rundumblick wünscht, der möge die steilen Treppen auf die **Klesheim-Warte,** ein Aussichtsturm direkt über der Hütte, erklimmen. Hier oben auf 514 Metern weht der Wind mitunter rau, der Blick über die Dächer Badens und Bad Vöslaus hinweg Richtung Schneeberg entschädigt dafür aber.

Derart gestärkt und belohnt bereitet der Weg hinunter zum Parkplatz dann wenig Anstrengung. Die Anreise ist übrigens auch öffentlich möglich, die Wanderung verlängert sich dadurch etwas: Mit dem Regionalzug geht es bis zum Bahnhof Pfaffstätten, von dort die Einödstraße hinauf, vorbei an den Lamas und rechter Hand am Parkplatz (der eher unscheinbar ist) auf den Kogel.

Die Tour zur Rudolf-Proksch-Hütte ist übrigens nur eine von **vielen Wandermöglichkeiten** in diesem Teil des Wienerwaldes. Vom Bahnhof Pfaffstätten aus gibt es mehrere Wanderwege mit

In der Schaukel bei der Rudolf-Proksch-Hütte von der Wanderung erholen

Über steile Stiegen geht es hinauf zur Aussichtswarte.

Panoramablick vom Kogel

unterschiedlichen Längen, vom sehr gemütlichen Rotgipflerweg mit nur 2,8 Kilometern Länge bis zum Blauen-Portugieser-Weg (3,6 Kilometer). Mit Kindern wird aber der Weg hinauf zur Proksch-Hütte samt Höhlenexpedition und Spielplatzpause vermutlich der passendste sein.

RUDOLF-PROKSCH-HÜTTE
Am Pfaffstättner Kogel
2511 Pfaffstätten
Tel.: +43/(0)699/18107234
www.alpenverein.at/rudolfproksch-huette/

Geöffnet: ganzjährig Mi bis So von 10 bis 17 Uhr, Mo und Di nur an Feiertagen

Öffi-Anreise: ab Wien mit dem Regionalzug bis Bahnhof Pfaffstätten

– 13 –

DIE SEEGROTTE HINTERBRÜHL

DUNKLE STOLLEN UND EINE MAGISCHE UNTERIRDISCHE BOOTSFAHRT

Auf den Spuren des Hollywoodfilms „Die drei Musketiere“, der hier Anfang der 1990er-Jahre gedreht wurde, geht es tief hinein in ein altes Stollensystem. Als Abschluss der Führung wartet eine Fahrt auf Europas größtem Unterwassersee.

Zuerst einmal geht es ziemlich lange geradeaus, hinein ins Berginnere. 450 Meter einen ehemaligen Förderstollen entlang, die einem subjektiv durchaus länger vorkommen. Das Fördergleis am Boden verrät, dass man sich in einem ehemaligen Bergwerk befindet. Von 1848 bis 1912 wurde hier, in der heutigen „Seegrotte Hinterbrühl“ im südlichen Niederösterreich, Gips abgebaut. Entdeckt wurde das Vorkommen durch Zufall: Der damalige Besitzer wollte eigentlich einen Brunnen errichten, fand den Gips und entschloss sich, diesen abzubauen. Bis zu 80 Arbeiter waren hier beschäftigt, täglich wurden zwei bis drei Waggons voller Grau- und Rotgips an die Oberfläche gebracht, im Ort Hinterbrühl verarbeitet und als Düngegips verkauft.

Das alles und noch viel mehr erzählen die Männer in den schwarzen Bergarbeiteruniformen, die die Besucher durch das Schaubergwerk führen. Eine Führung ist Pflicht, auf eigene Faust kann man das Stollensystem nicht erkunden. Auch wenn die meisten Gäste sich vor allem

◄ *Im Boot über den großen unterirdischen See gleiten*

▲ *Durch lange schmale Stollen geht es ins Berginnere.*

▲ *Auch das Werkzeug der damaligen Bergarbeiter wird gezeigt.*

wegen des Sees – mit 6200 Quadratmetern der größte unterirdische See Europas – in das dunkle Berginnere wagen: Der Weg dorthin ist ebenfalls ziemlich interessant und für Kinder durchaus ein kleines Abenteuer, sofern sie sich nicht im Dunkeln fürchten.

1932 ERSTMALS ERÖFFNET

In mehreren Schauräumen, die in kleinen Höhlen angelegt wurden, erfährt man viel über die **Geschichte des Bergwerks.** So werden etwa die alten Werkzeuge, die Gaslampen der Arbeiter oder auch ein Grubenhunt gezeigt. Dass es die Seegrotte überhaupt gibt, geht auf einen Unfall im Jahr 1912 zurück. Damals wurde aus Versehen ein unterirdischer Wassersack gesprengt. Unvorstellbare 20 Millionen Liter Wasser fluteten das Bergwerk – das damit Geschichte war. 1932 wurde erstmals das **Schaubergwerk** für Besucher geöffnet, auf Initiative von Höhlenforschern, die die Höhle Jahre nach Stilllegung des Bergwerks entdeckt und für die Allgemeinheit zugänglich machen wollten.

Einer der ersten Räume, an denen man vorbeikommt, ist die **Rastkammer,** die mit einer Temperatur von 12 Grad der wärmste Raum des Bergwerks ist. Hier nahmen die Bergleute ihre Mahlzeiten ein. Später wird man auch an einem ehemaligen Pferdestall vorbeikommen, in dem die Pferde untergebracht waren, die die Wagen voller Gips an die Tagesoberfläche gezogen haben. Die Tiere waren oft bis zu 20 Jahre stets unter Tag und wurden durch die permanente Dunkelheit blind. Für kleinere Besucher ist der Inhalt der Tour vielleicht nicht durchgehend aufregend. Dass man aber durch Stollen gehen und immer wieder in kleine Höhlen schauen kann, sollte dennoch ausreichen, damit keine Langeweile aufkommt. Insgesamt dauert der Besuch ohnehin nur etwa eine Dreiviertelstunde.

Einen ersten, deutlich kleineren unterirdischen See entdeckt man schon ziemlich am Anfang der Tour: Den sogenannten „blauen See", der dank seiner Beleuchtung märchenhaft anmutet. Erstaunlich, wie viel faszinierender so eine Wasserfläche wirkt, wenn sie nicht wie gewohnt im Freien, sondern unterirdisch zu sehen ist. Direkt unter dem kleinen blauen See liegt der „große See", der den Abschluss und den Höhepunkt der Tour bilden wird.

BAU VON FLUGZEUGEN UNTER TAGE

Auf dem Weg zum mächtigen See kommt man an Schaustücken vorbei, die davon erzählen, dass die deutsche Wehrmacht das Bergwerk beschlagnahmt und den See trockengelegt hatte, um eine unterirdische Flugzeugfabrik einzurichten. Kommt man mit jüngeren Kindern hierher, ist es durchaus empfehlenswert, ihnen vorab zumindest ein wenig über den **Zweiten Weltkrieg** zu erzählen, damit sie von den Informationen nicht überfordert sind und die Weltkriegsgeschichte, die hier im Laufe der Führung gestreift wird, einordnen können. Unter anderem sieht man hier eine Heinkel He162, einen Düsenflieger, der unter Tage von Kriegsgefangenen hergestellt wurde. An die 2000 Menschen mussten hier arbeiten und fertigten die Flugzeugrümpfe, die dann nach Schwechat gebracht wurden, wo das Flugzeug – ein Einsitzer – zusammengesetzt wurde. Übrigens kein sehr erfolgreiches Flugzeug: Die wenigsten der rund 50 Heinkel He162, die überhaupt fertiggestellt wurden, überstanden den Testflug. 1945 zerstörte die Wehrmacht die Fabrik mit sieben Fliegerbomben.

1948 wurde die Seegrotte wieder für Besucher geöffnet und ist seither ein Ausflugsziel, das mehrere

Kriegsgefangene mussten den Düsenflieger Heinkel He162 fertigen.

Generationen an Niederösterreichern und Wienern schätzen. Auch, weil es immer noch so ist wie früher: Verändert hat sich drinnen und draußen am etwas altmodischen Eingangsbereich im Laufe der Jahre wenig.

Auf dem Weg durch den Stollen kommt man auch an einer Art **Verlies** vorbei. Dieses sieht zwar auf den ersten Blick sehr alt aus, tatsächlich wurde es Anfang der 1990er-Jahre als Kulisse für einige Szenen des Films „Die drei Musketiere" – mit Charlie Sheen und Kiefer Sutherland – errichtet. Wer sich den Film vor dem Besuch anschaut, hat vom Ausflug in der Grotte sogar noch mehr, weil es Spaß macht, die Drehorte – etwa 20 Minuten des Films wurden in der Grotte gedreht – wiederzuerkennen. Das Gitter des Verlieses sieht täuschend echt wie Metall aus, erzählt der Tourguide, ist aber tatsächlich aus Lärchenholz. In Hinterbrühl ist man immer noch stolz auf die kleine Berühmtheit, die man dank des hohen Besuchs aus Hollywood erlangt hat – die Männer, die durch die Stollen führen, geben daher auch allerlei Anekdoten von den Dreharbeiten zum Besten. Wie jene, dass der Betriebsleiter der Seegrotte dem Schauspieler Kiefer Sutherland damals das Schnapsen beigebracht haben soll.

Die heilige Barbara ist Schutzpatronin der Bergleute.

HINAB ZUM SEE

Eine weitere Station ist der sogenannte **Barbarastollen,** ein unterirdischer Festsaal, in dem auch heute noch alle vier Jahre eine Messe zu Ehren der heiligen Barbara, der Schutzpatronin der Bergleute, zelebriert wird. Wenige Meter weiter geht es schließlich über eine Treppe – den sogenannten **Förderberg** – hinab zum See. Abgesehen von leicht esoterisch klingender Musik, die man eher nicht vermissen würde, ist es hier fast unheimlich still. Und ja, unheimlich schön, wenn man in den breiten Booten über das Wasser gleitet. Vorbei am gold-schwarzen Drachenboot, das während des Filmdrehs als Fluchtboot von Kardinal Richelieu im Einsatz war und heute nur noch als Dekoration dient.

Höhepunkt des Ausflugs: die Fahrt über den stillen See

Die geschickt platzierte Beleuchtung lässt den See, in dem ob des hohen Kalk- und Schwefelgehalts kein Tier lebt, fast magisch erscheinen. Und auch tiefer als die 1,20 Meter, die er an den tiefsten Stellen ist. Märchenhaft die Stimmung, leicht könnte man sich hier eine Szene mit Drachen oder anderen Fabelwesen vorstellen. Fotomotive? Gibt es viele, sofern man eine Kamera hat, die gute Fotos im Halbdunkeln machen kann. Die Fahrt ist ein schöner Abschluss des Ausflugs, der auch Kindern gefällt – sofern sie keine Angst im Dunkeln haben, die Wege sind teilweise etwas schummrig.

Die Temperatur in der Seegrotte liegt übrigens konstant bei neun Grad. Im Winter ist der Unterschied zur Außentemperatur kaum spürbar. An einem heißen Tag sind es wohltuend kühle 45 Minuten, die man in der Seegrotte verbringt.

SEEGROTTE HINTERBRÜHL SCHAUBERGWERK GMBH
Grutschgasse 2a, 2371 Hinterbrühl
Tel.: +43/(0)2236/26364
E-Mail: office@seegrotte.at
www.seegrotte.at

Geöffnet: ganzjährig, von April bis Ende Oktober täglich 9 bis 17 Uhr (letzte Führung um 16:15 Uhr), November bis Ende März: Mo bis Fr 9 bis 15 Uhr (letzte Führung um 14:15 Uhr), Sa, So und Feiertag 9 bis 15:30 Uhr (letzte Führung um 14:45 Uhr). Führungen gibt es laufend, man wartet maximal 20 Minuten.

Eintritt: Erwachsene 11 Euro, Kinder von vier bis 14 Jahre 8 Euro, Familienkarte (2 Erwachsene, 2 Kinder) 30 Euro

Öffi-Anreise: mit dem Zug bis Mödling und dann mit der Buslinie 364 oder 365 bis Haltestelle „Hinterbrühl Seegrotte“.

– 14 –

NATURPARK SPARBACH

WILDSCHWEINE, RUINEN UND EIN WENIG POESIE

Berühmt ist er für seine Wildschweine, denen man hier ziemlich sicher über den Weg läuft. Der wunderschöne Naturpark bei Mödling bietet aber viel mehr: eine romantische Ruine, wunderbare Wiesen und sogar die Möglichkeit, zu grillen.

Wie oft hat man schon im Wald in einem Liegestuhl relaxt? Wann hat man je unter einer mächtigen, uralten Föhre so bequem rasten können? Wahrscheinlich noch nie. Und um wirklich unter den riesigen Ästen der sogenannten Fürstenföhre liegen zu können, hat man eine kleine, leicht ansteigende Wanderung absolvieren müssen, hier im **Naturpark Sparbach** im südlichen Wienerwald, unweit von Mödling. Ruhig ist es hier, von den an den Wochenenden zahlreichen Besuchern des Parks landet nämlich nur ein kleiner Teil hier oben. Die meisten Gäste bleiben im unteren Teil des Naturparks, wo man den Wildschweinen, für die Sparbach bekannt ist, und anderen Tieren begegnen kann. Und wo man Kinder nur schwer vom riesigen Natur- und Wasserspielplatz wegbringen wird.

Los geht es im **Besucherzentrum** des Naturparks Sparbach, der 1962 als erster Naturpark Österreichs eröffnet wurde. Im unteren Teil gibt es auch die meisten Attraktionen für Kinder: Nur wenige Minuten vom Besucherzentrum, in dem man Kaffee, Kuchen und andere Verpflegung kaufen kann, entfernt liegt die erste Attraktion, das **Kleintiergehege,** in dem Hasen, Ziegen, Schafe und Esel zu sehen sind. Mit etwas Glück lassen sie sich auch streicheln, besonders die Ziegen sind sehr neugierig und kommen gern an den Zaun.

◄ *Die Ruine Johannstein im Naturpark Sparbach*

Gleich daneben liegt das **Naturparkhaus,** in dem Interessierte mehr über die Stimmen der Wildtiere, ihre Spuren und Essgewohnheiten erfahren können. Überhaupt findet man unterwegs immer wieder **Infotafeln und Stationen,** an denen Flora und Fauna des Parks den Besuchern nähergebracht werden, denn Naturparks haben auch einen Bildungsauftrag. So lernt man, dass neben den Wildschweinen und den anderen gut sichtbaren Tierarten wie Mufflon und Damwild auch viele Tiere hier ihren Lebensraum haben, die man seltener oder gar nicht zu sehen bekommt: zum Beispiel die Gelbbauchunke, den Schwarzstorch oder den Feuersalamander. Gegen Voranmeldung gibt es auch dreistündige **Führungen durch den Naturpark** mit verschiedenen Schwerpunkten. Wer nicht ohne Smartphone kann, erkundet den Park mittels App (Naturpark Sparbach) und löst dabei Rätsel. Der Blick auf die Website des Naturparks lohnt sich, denn immer wieder gibt es Programmpunkte, die sich für Familien bestens eigenen: Malkurse etwa oder Singen am Lagerfeuer.

Der Naturpark ist bekannt für seine Wildschweine.

Bekanntestes Aushängeschild sind aber die **Wildschweine.** Vor allem vormittags stehen die Chancen gut, dass man die Paarhufer bei ihrer Futterstelle beim Fressen beobachten kann, im Frühling natürlich mit vielen Frischlingen. Noch besser sieht man die Tiere beim Fressen auf der anderen Seite der Futterstelle, ein kleiner Pfad führt hinter dem Kleintiergehege dorthin.

KEINE SELFIES MIT WILDSCHWEINEN!

Kommt man mit Kindern, sollte man sie unbedingt über das richtige Verhalten den Tieren gegenüber aufklären, denn die Wildschweine sind nicht nur bei der Futterstelle anzutreffen, sondern laufen einem mitunter buchstäblich auch beim Spazierengehen über den Weg. Also etwa: nicht füttern, nicht angreifen und – auch das kommt zum Leidwesen der Naturparkmitarbeiter vor – kein Selfie mit einem Wildschwein machen!

Beim Spaziergang durch den Naturpark kommt man auch am hübschen Lenauteich vorbei, in dem fette Karpfen schwimmen und der nach dem Dichter Nikolaus Lenau benannt wurde, der hier seine „Schilflieder" geschrieben haben soll. Gleich beim Lenauteich hat man Zugang zu dem sehr großen **Naturspielplatz,** der – aus Schutz vor den Wildschweinen – eingezäunt ist und in dem man mit Kindern durchaus einige Zeit verbringen kann. Viele Mödlinger kommen vor allem wegen des Spielplatzes mit ihren Saisonkarten immer wieder hierher. Einige Spielgeräte sind Tierbauten nachempfunden: So kann man durch den Fuchsbau kriechen oder über ein riesiges Spinnennetz in ein Baumhaus klettern. Wer gut vorausplant, kann hier sogar grillen, selbst Mitgebrachtes oder auf Bestellung auch vom Naturpark bereitgestellte Speisen. Allerdings muss der **Griller** vorab reserviert werden, kurzfristig ist die Chance eher gering.

Aber auch ohne Grillerei kann man hier gut eine Pause machen. Überhaupt gibt es im ganzen Naturpark erfreulich viele Bänke und Holzliegen zum Rasten. Wer nicht genug Proviant mithat, kann sich direkt beim Spielplatz bei einem Kiosk stärken, der an den Wochenenden geöffnet hat.

WUNDERSCHÖNE RUINE JOHANNSTEIN

Der einstige Landschafts- und Tiergarten des Fürsten von Liechtenstein, der hier zahlreiche Zierbauten und Wiesen anlegen ließ, hat früher auch manche Künstler angezogen. Im Jahr 1828 hat hier Ferdinand Raimund sein Stück „Der Alpenkönig und der Menschenfeind" zu Ende geschrieben, konkret in der **Ruine Johannstein.** Bei diesem ehemaligen, im 12. Jahrhundert errichteten Herrschaftssitz, bei dem man am Weg hinauf

An diesem Teich soll Nikolaus Lenau Gedichte verfasst haben.

Am Naturspielplatz kann auch gegrillt werden.

Betreten erlaubt: die Ruine Johannstein

Ein ausgedehnter Spaziergang führt über die Dianawiese.

zur Dianawiese vorbeikommt, sollte man unbedingt einen Stopp einlegen. Eigentlich sogar zwei.

Zuerst einmal unten neben einem kleinen Bach auf einer sehr breiten Bank, von der aus man den Anblick der imposanten Ruine, die auf der anderen Uferseite hoch oben auf einem Felsen liegt, von unten genießt. Und dann noch einmal bei der Ruine selbst, die man begehen und erkunden kann, ehe es für sportlichere Familien weiter hinaufgeht. Wer bis zur **Dianawiese** spaziert, wird vom Besucherzentrum rund eine Dreiviertelstunde meistens leicht bergauf unterwegs sein. Spätestens, wenn man über die wunderschöne Wiese spaziert, wird einem klar, warum das Areal – das 1810 von Fürst Johann I. von Liechtenstein als romantischer Landschaftspark angelegt wurde und noch immer im Besitz der Familie Liechtenstein steht – als Naturpark ausgezeichnet wurde. Die Vielfalt der Natur, die man hier erleben kann, beeindruckt durchaus. Von dem etwa 360 Hektar großen Areal ist etwa ein Drittel für die Besucher zugänglich.

IDYLLISCH UND EIN WENIG KITSCHIG

Darunter die wunderbare Dianawiese, auf der im Frühling gerade Pflanzen blühen, die man sonst kaum sieht: Brandknabenkraut oder Sommerwurzen. Dazu flattern Schmetterlingsarten, die man noch nie zu Gesicht bekommen hat. Idyllisch wäre ein passendes Wort, kitschig gar, wenn man die paar Schritte weiter zum **Dianatempel** spaziert: eine weitere Ruine, ein unvermeidliches Fotomotiv, das einst zu Ehren der römischen Wald- und Jagdgöttin erbaut wurde. Und ja, eine **Dianaquelle** am anderen Ende der Wiese gibt es hier natürlich auch. Wer noch Energie hat und seine Kinder motivieren kann, spaziert noch ein Stück weiter hinauf zur nächsten Attraktion: der **Köhlerhausruine** auf 571 Metern. Der Maler Ferdinand Georg Waldmüller hat sich vom Ausblick, der einen dort erwartet, zu einigen Werken inspirieren lassen. Mit dem Kinderwagen sind die Strecken bergauf vielleicht etwas mühsam, aber machbar. Im unteren Teil des Naturparks lässt sich der Kinderwagen problemlos schieben.

Sehr aktive Ausflugsmenschen, die einen Besuch im Naturpark mit einer anderen Attraktion verbinden wollen, können sich im Anschluss noch das **Stift Heiligenkreuz** oder die **Seegrotte Hinterbrühl** *(siehe Tour 13)* ansehen, bei beiden gibt es gegen Vorweis der Eintrittskarte aus Sparbach minus 10 Prozent. Für die ebenfalls nahe gelegene Burg Liechtenstein gibt es sogar ein Kombiticket mit dem Naturpark.

Sparbach ist übrigens nicht der einzige Naturpark, der von Wien aus in weniger als einer Stunde erreichbar ist. Nicht weit von Sparbach entfernt liegt der **Naturpark Föhrenberge,** der allerdings ein weniger kindertaugliches Angebot hat, aber zu Spaziergängen und zum Mountainbiken in malerischer Kulisse einlädt. Bekanntes Highlight ist wohl die **Burg Liechtenstein.** Ebenfalls von Wien aus rasch erreichbar ist der **Naturpark Die Wüste Mannersdorf,** der sich für Wanderungen und Radtouren eignet und das ehemalige Klostergebiet der Unbeschuhten Karmeliter sowie die Ruine der Burg Scharfeneck beherbergt. Der **Naturpark Purkersdorf Sandstein-Wienerwald** beherbergt wie jener in Sparbach einen Streichelzoo und Gehege mit Rehen, Rotwild und Wildschweinen und mit der **Rudolfshöhe** eine Aussichtswarte.

NATURPARK SPARBACH
2393 Sparbach 6
Tel.: +43/(0)2237/20729
www.naturpark-sparbach.at
Infos und Übersicht über alle Naturparks unter: www.naturparke.at

Geöffnet: von Ende März bis Anfang November täglich von 9 bis 18 Uhr

Eintritt: Erwachsene 5 Euro, Kinder ab fünf Jahre 3 Euro. Führungen gegen Voranmeldung (telefonisch oder online)

Öffi-Anreise: Autobuslinie 364 ab Bahnhof Mödling

– 15 –

TROPFSTEINHÖHLE ALLAND

ABENTEUERLICHE SUCHE NACH FLEDERMÄUSEN

Ganz nah bei Wien kann man die enge Tropfsteinhöhle Alland erkunden und dabei mit etwas Glück Fledermäusen und der hellen Höhlenheuschrecke begegnen. Ein netter Kurzausflug für sportliche Familien, die keine Angst vor engen Räumen haben.

Zuerst geht es hinauf, ehe es dann im Finstern richtig tief hinuntergeht. Über einen Holzsteig gelangt man nach wenigen Minuten vom Parkplatz, der am Ende der Buchberggasse in Alland zu finden ist, zum Höhleneingang. Er ist mit einer großen Holztüre verschlossen und ein grünes Schild weist unübersehbar darauf hin, dass das Betreten der Höhle ohne Führung verboten ist. Die Tropfsteinhöhle Alland, auf dem 476 Meter hohen Buchberg im Südwesten von Wien gelegen, ist von der Stadt nur eine sehr kurze Fahrt entfernt, dennoch ist das Naturdenkmal nicht übermäßig bekannt.

Das ist durchaus schade, ist es doch im ganzen Wienerwald die Höhle mit dem meisten Tropfsteinschmuck, wie es im Fachjargon heißt. Während der etwa halbstündigen Führung durch die Höhlengänge wird man allerlei Varianten der Tropfsteine sehen. Wer allerdings riesige Stalaktiten (jene Tropfsteine, die von der Decke der Höhle hängen) oder Stalagmiten (Tropfsteine, die vom Boden in die Höhe wachsen) erwartet, sei vorgewarnt. Die Tropfsteine, die man hier während der abenteuerlichen Tour entdecken wird, sind schön und interessant, aber doch deutlich kleiner, meist nur wenige Zentimeter groß.

◄ *Immer steil bergab in die Tropfsteinhöhle Alland*

Vor dem großen Tor geht die Führung los.

Die Höhlenerkundung, ein kleines Abenteuer

IM GÄNSEMARSCH DURCH ENGE GÄNGE

Überhaupt gibt es einige Dinge zu beachten, ehe man sich für die Exkursion in die Höhle entscheidet: Klaustrophobisch veranlagt darf man keinesfalls sein. Die Wege sind sehr schmal, sodass gerade einmal eine Person Platz hat. Nebeneinander gehen ist kaum möglich, Gänsemarsch ist angesagt. Das alles sollte man beachten, wenn man etwa mit kleineren Kindern in die Höhle will. Feste Schuhe sind sowieso Pflicht und für die engen und teils doch recht steilen Wege muss man schon recht sportlich sein. Allerdings sind sie auch schon für Vierjährige machbar (ab diesem Alter wird der Besuch auch empfohlen), die man aber gut im Auge behalten sollte.

Wer möchte, kann seine eigene Taschen- oder noch besser Stirnlampe mitnehmen. Nötig ist das zwar nicht, da die Höhle gut beleuchtet ist und sehenswerte Stellen mit Tropfsteinschmuck geschickt ausgeleuchtet sind. Aber um des Abenteuercharakters willen werden Kinder sicher begeistert sein, wenn sie eine eigene Lampe dabeihaben und selbstständig in jede Ecke leuchten können.

Gleich zu Beginn flattert zufällig eine Fledermaus vorbei, konkret eine in dieser Gegend häufige Hufeisennase. Die leben hier in der Höhle, wie Eva Leonhardsberger, die die Besucher durch die Höhle führt, erzählt. Die Tiere kommen problemlos durch die Holztür am Höhleneingang hinein und hinaus. In der Höhle schlafen aber nur die Männchen, die weiblichen Fledermäuse leben draußen im Wienerwald. Ab November, wenn die Fledermäuse sich in den Winterschlaf begeben, sind auch keine Führungen durch die Höhle mehr möglich, um die Tiere nicht zu stören. Erst im Frühling, wenn sie wieder aufwachen, sperrt die Allander Tropfsteinhöhle wieder für die Besucher auf. Zuletzt wurden in der Höhle auch Fledermäuse der hierzulande viel selteneren Art Graues Langohr gesichtet. Es leben aber auch andere Tiere hier, darunter die sehr helle Höhlenheuschrecke, die aussieht wie eine bleiche Variante einer normalen Heuschrecke, und die Höhlenspinne, die sich glücklicherweise für alle Arachnophobiker unter den Besuchern während der Führung nicht blicken lässt.

EINKEHRTIPP

KaffeeKuchl Alland
Feldgasse 72, 2534 Alland
Tel.: +43/(0)664/2645527
kaffeekuchl@aon.at
Geöffnet Mo bis Sa 9 bis 21 Uhr, So Ruhetag

EIN URALTES SKELETT

Viele Ecken – die Hohlräume werden Dome genannt – sind hübsch ausgeleuchtet. 70 Meter lang ist die Höhle insgesamt, über Stiegen geht es teils auch durchaus steil bergab. Da kann es schon vorkommen, dass man sich wie ein kleiner Höhlenforscher auf wichtiger Mission fühlt. Für Kinder gibt es auch eine Mutprobe: Wer sich traut, kann durch das sogenannte „Schlüsselloch" klettern, etwa zwei Meter im Dunkeln gehen, ehe man in einem kleinen Raum stehen kann. Ein beliebtes Fotomotiv, und für Kinder eine der spannendsten Stellen in der Höhle.

Während man immer weiter hinab in das Höhleninnere steigt, erfährt man auch, wie Tropfsteine überhaupt entstehen. Regenwasser nimmt aus der Luft Kohlendioxid auf, Kohlensäure entsteht. Diese löst Kalk auf, das dabei entstandene Calciumhydrogencarbonat wird in der Folge vom Wasser abtransportiert. Das von der Höhlendecke tropfende Wasser gibt Kohlendioxid ab und verdunstet. Aus dem zurück-

◄ *Tropfsteinschmuck in der Höhle*

Beeindruckende Strukturen am Höhlendach

gebliebenen Kalk entstehen an der Decke und am Boden über viele Jahrhunderte hinweg die Tropfsteine. Bis ein Tropfstein auch nur um einen Zentimeter gewachsen ist, dauert es 100 bis 1000 Jahre. Zu sehen gibt es auch einige Stalagnaten – das ist jene Form der Tropfsteine, die entsteht, wenn Stalaktiten und Stalagmiten zusammengewachsen sind.

Im Detail wird sich diese Entstehungsprozesse vielleicht nicht jeder Besucher merken, aber eines vergisst man nach der Führung bestimmt nicht: Durch eine Höhle geht man nicht, man befährt sie. Das klingt seltsam, ist aber der korrekte Ausdruck. Wann die Höhle in Alland entstanden ist, ist nicht ganz klar: Die Schätzungen reichen von einigen Hunderttausend Jahren bis zu einer Million Jahre. Jedenfalls sehr, sehr alt. Zugänglich ist die Schauhöhle für Interessierte seit 1928, sie wurde auch wissenschaftlich erforscht. Sie steht – wie der gesamte Buchberg – im Besitz der Bundesforste und wird von der Gemeinde Alland betrieben.

Das gut erhaltene Skelett einer Bärin

Aussichtspunkt auf dem Buchberg

Am Weg zurück hinauf wartet noch das Highlight der Tour: Ein Licht strahlt auf das Skelett einer Braunbärin, die vor rund 10.000 Jahren in der Höhle abgestürzt und gestorben ist. Das Skelett ist sehr gut erhalten, sein Anblick in der Höhle durchaus aufregend.

Bei schönem Wetter empfiehlt es sich, nach dem Höhlenbesuch noch ein Stück weiter auf den **Buchberg** hinaufzuspazieren, oben gibt es einen Aussichtspunkt, den sogenannten **„Fensterblick"**, da hier ein Fenster aufgestellt wurde, durch das man die Landschaft (oder auch seine Familie) fotografieren kann. Eine hübsche Kulisse, die nur akustisch etwas vom fernen Brummen der Autobahn getrübt wird.

TROPFSTEINHÖHLE ALLAND
Buchberggasse 1, 2534 Alland
Tel.: +43/(0)660/6735108
(Höhlen-Servicenummer)
E-Mail: e.leonhardsberger@gmx.at
www.alland.at/m/tropfsteinhoehle/

Geöffnet: Anfang April bis Ende Oktober: Sa, So und an Feiertagen 10 bis 17 Uhr, im Juli und August wochentags zusätzlich von 13 bis 17 Uhr.
Führungen sind für Gruppen ab 10 Personen außerhalb der Öffnungszeiten auch an Wochentagen gegen Voranmeldung unter der Höhlen-Servicenummer möglich.

Eintritt: Erwachsene 8 Euro, Kinder bis 15 Jahre 5 Euro

Öffi-Anreise: mit der S-Bahn nach Mödling und von dort mit dem Regionalbus 365 bis Alland Hauptplatz oder mit dem Regionalzug nach Baden und von dort mit dem Regionalbus 459 ebenfalls bis Alland Hauptplatz.

– 16 –

„HAUS DER NATUR“ UND „HAUS DER GESCHICHTE“ IM „MUSEUM NIEDERÖSTERREICH“

VÖGEL, FRÖSCHE UND VIEL HISTORIE

Nicht nur an Schlechtwettertagen kann man im „Haus der Natur“ viele lebende und ausgestopfte Tiere Niederösterreichs entdecken. Das neue „Haus der Geschichte“ bietet (älteren) Kindern und Erwachsenen einen ungewöhnlichen Blick auf die Weltgeschichte.

Kalt fühlt es sich an, das Gletschereis. Ein Minigletscher, und das in einem Museum, mitten in St. Pölten? Willkommen im „Haus der Natur“. Es teilt sich die Flächen des „Museum Niederösterreich“ mit dem noch sehr jungen, 2017 eröffneten „Haus der Geschichte“ und ist für Familien mit Kindern jeden Alters ein guter Ausflugsort. Ein Besuch empfiehlt sich nicht nur, aber natürlich auch bei schlechtem Wetter. Wo man mit der Erkundung des **„Haus der Natur“** beginnt, bleibt jedem selbst überlassen, aber warum nicht ganz oben beim Gletschereis und den (ausgestopften) Tieren, die im heimischen Gebirge leben? Wie dem Hermelin, den man mit Winter- und Sommerfell betrachten kann.

Das „Haus der Natur“ will Fauna und Flora Niederösterreichs vom Donaubecken bis zum Gletscher darstellen, dem von Hans Hollein entworfenen Museum gelingt das gut. Simuliert es doch auf mehreren Ebenen

Das „Haus der Natur“ präsentiert Niederösterreichs Landschaft vom Gletscher bis zum Donaubecken.

die einzelnen Lebensräume: von ganz unten, wo man eine Höhle samt Fundstücken und Höhlenbär entdecken kann, bis eben hinauf zum Gletscher. Der geschwungene Weg, der die Besucher durch das Haus führt, ahmt dabei den Verlauf eines Flusses nach. Man spaziert an Waldlandschaften vorbei, in denen man ausgestopfte Sperber, Wildschweine oder auch einen Elch sieht, sucht in Terrarien lebende Schlangen, Frösche oder Kröten. Denn das „Haus der Natur“ beherbergt neben vielen ausgestopften Lebewesen auch **40 lebende Tierarten,** von Würfelnattern über Eidechsen bis Ameisen, weshalb das Museum auch offiziell ein Zoo ist. In einer Ecke gibt es in zwei Terrarien immer den jüngsten Nachwuchs zu sehen, wie etwa entzückend kleine Baby-Sumpfschildkröten. In durchsichtigen Röhren und gläsernen Schaukästen lässt sich auch an mehreren Stationen eine Kolonie der roten Waldameise beobachten: Wer das gerne lange tun will, kann sich an der Kassa sogar einen Sessel ausleihen.

AQUARIEN MIT HEIMISCHEN FISCHEN

In den Aquarien wiederum entdeckt man heimische Fischarten – darunter den erstaunlichen Waxdick –, den Kinder oft für einen Hai halten. Teils befinden sich die Aquarien im Freien, man blickt durch die Scheibe hinaus – und eine Ente von draußen hinein: Sie sitzt im hübschen **Museumsgarten,** den man nicht erwarten würde, wenn man durch das eher betonlastige Regierungsviertel herspaziert. Dort kann man sich in der warmen Jahreszeit ausruhen, auch ein kleiner Spielplatz ist vorhanden. Weiter oben trifft man auf ausgestopfte Greife, Falken und Eulen:

▼ *Die Wege im „Haus der Natur“ ahmen einen Flussverlauf nach.*

▼ *Zu den 40 hier lebenden Tierarten zählt auch der Kammmolch.*

Auf einer interaktiven Wand erfährt man mehr über Vogelarten wie den Steinadler.

Und zwar nicht, wie man es sonst aus älteren Museen kennt, aufgereiht in einer Vitrine hinter Glas. Sondern an einer weißen Wand über- und nebeneinander, mit bunten Farben umrandet. Ein ungewöhnlicher Anblick. Wer mehr über eine Tierart wissen will, kann auf einem Bildschirm auf ein Tier klicken und bekommt ein paar Informationen.

Sicher, im Vergleich mit dem namensgleichen „Haus der Natur“ in Salzburg oder dem „Naturhistorischen Museum“ in Wien ist das Museum deutlich kleiner. Was aber auch Vorteile hat, gerade mit jüngeren Kindern, die von zu viel Angebot ohnehin schnell überfordert sind. Man kann sich den Exponaten und Tieren in Ruhe widmen und schafft das Museum an einem Nachmittag. Falls sich doch Ermüdungserscheinungen einstellen, gibt es ein **Café** zum Ausruhen.

Unter der Woche ist im „Haus der Natur“ angenehm wenig los, oft teilt man sich die Museumsfläche nur mit einigen wenigen Schulklassen. Am Wochenende herrscht natürlich mehr Betrieb, vor allem an den Sonntagen, wenn es hier **Familienführungen und unterschiedliche Kreativstationen** gibt. Dann sollte man für den Besuch mehr Zeit einplanen, denn wenn man mit Erdfarben malen kann, sich im Mikroskopieren versucht oder ein Aquarium im Gurkenglas gestaltet, fällt das Weggehen etwas schwerer.

EIN UNGEWÖHNLICHES KONZEPT IM „HAUS DER GESCHICHTE“

Dabei war man noch gar nicht im zweiten Teil des „Museum Niederösterreich“: dem **„Haus der Geschichte“.** Das sehr modern konzipierte Haus versucht, die Menschheitsgeschichte anhand von elf Clustern darzustellen: dass das auf rund **3000 Quadratmetern** und mit etwa **2000 Objekten** nicht vollständig gelingen kann, versteht sich von selbst. Die Art der Darstellung ist aber durchaus neu und anregend – für historisch interessierte Erwachsene und ältere Kinder, wohlgemerkt. Kindergartenkinder können mit dem meisten Gezeigten wenig anfangen, Volksschulkinder wohl nur am Rande (wiewohl es auch schon Vermittlungsprogramme für Volksschulklassen gibt), etwa ab der Unterstufe kann man die gezeigten Gegenstände einordnen und ihnen mehr abgewinnen. Wer sich ausführlich mit der Dauer- und der **wechselnden Sonderausstellung** auseinandersetzen will, sollte eher ohne Kinder kommen – oder die Familie teilt sich zwischen „Haus der Natur" und „Haus der Geschichte" auf: Die Eintrittskarte gilt ohnehin für beide Häuser.

▲ *Blick in die Ausstellung „Die umkämpfte Republik"*

Dabei ist auch das „Haus der Geschichte" kein behäbiges Museum geworden, durch das man nur durchgeht und Texte an Hinweistafeln zu den Exponaten liest. Die präsentierten Stücke sind auch nicht chronologisch, sondern thematisch geordnet. Gleich im ersten Cluster, der der Zeit und ihrer Messung gewidmet ist, werden exemplarisch Objekte gezeigt, die für eine gewisse Epoche bedeutend waren. In einer schwarzen Vitrine aufgereiht werden sie nacheinander beleuchtet: von der weißen Kopfbedeckung von Papst Johannes Paul II., die zur Reliquie geworden ist, als er heiliggesprochen wurde, bis zu einem Taschenrasierer aus dem Ersten Weltkrieg, der eine Kugel abgefangen hat und so zum Lebensretter für einen Soldaten wurde. Kurze Texte erklären, wieso die Objekte für die jeweilige Epoche wichtig waren – generell ist das „Haus der Geschichte" aber nicht sehr textlastig geworden.

Wie gut die Idee einer thematischen Erzählung aufgeht, die auch Bezug zur Gegenwart nehmen will, ist etwa am **Cluster zur Migration** zu erkennen: Hier wird deutlich gemacht, wie und warum Menschen schon immer auf der Flucht waren. Als sehr anschauliche Exponate für die Fluchtbewegungen sind zwei Kinderwagen nebeneinander aufgestellt: ein alter, der vom „Brünner Todesmarsch" aus 1945 stammt, daneben ein moderner Buggy, den eine Familie während der großen Flüchtlingswelle 2015 in Nickelsdorf zurückgelassen hat. Anhand der im Kinderwagen gefundenen

Ein alter Kinderwagen vom „Brünner Todesmarsch“ 1945

Gegenstände – unter anderem eine leere Zigarettenpackung, eine Dose Thunfisch, eine Windel und ein Pixibuch – lässt sich die Route der Flüchtlinge über den Balkan bis nach Österreich nachzeichnen.

Immer wieder gibt es sogenannte Foren, an denen man sich ausruhen oder an **interaktiven Stationen** verschiedene Spiele oder Rätsel ausprobieren kann, darunter viele, die auch für Kinder nett sind. So gibt es Zettel mit Quizfragen, deren Antworten man in den Clustern finden muss. Was ist ein Lehen? Was ist eine Zunft? Welches Verkehrsmittel verwendeten schon die Römer? Wie erwähnt: Für manches wird man auch jüngere Kinder begeistern können, für einen ausführlichen Besuch sollten sie aber schon älter sein. Auch, weil die Menschheitsgeschichte – der Fokus liegt ab der Zeit von 1848 bis in die Gegenwart – natürlich viel Grausames umfasst. Naturgemäß ist auch den beiden Weltkriegen hier Platz eingeräumt worden. Wer seine Kinder sachte an die großen Themen heranführen will, findet hier jedenfalls einen sehr modern gestalteten Ort dafür.

„MUSEUM NIEDERÖSTERREICH“: „HAUS DER GESCHICHTE“ UND „HAUS DER NATUR“
Kulturbezirk 5, 3100 St. Pölten
Tel.: +43/(0)2742/908090
E-Mail: info@museumnoe.at
www.museumnoe.at

Geöffnet: Di bis So 9 bis 17 Uhr, Mo Ruhetag

Eintritt: Erwachsene 10 Euro, Kinder ab sieben Jahre 5 Euro, Familienkarte: 20 Euro; Familienführungen an Sonntagen: 6,40 Euro für die ganze Familie

Öffi-Anreise: mit dem Zug bis St. Pölten, dann ca. 15 Minuten zu Fuß durch die Innenstadt oder mit den Buslinien 2, 6, oder 9 bis „Landhaus Süd“ oder von Do bis Sa kostenlos mit dem „Hauptstadtexpress“, der stündlich fährt.

– 17 –

DER HUBHOF WACHAU

SCHNEEWITTCHEN UND DIE 400 GARTENZWERGE

Es fällt schwer, das Freizeitgelände Hubhof in bekannte Schubladen einzuordnen. Hier in der Wachau gibt es von vielem etwas: einen nostalgischen Märchenwald, einen Spielplatz für die ganz Kleinen, ein bisschen Minimundus, aber auch Indianerzelte und Dinosaurier. Ein kunterbuntes, ein wenig altmodisches Ausflugsziel, das man in dieser Form sonst kaum findet.

Wer sieht den Gartenzwerg mit der blauen Zipfelmütze als Erstes? Und den mit der Kochhaube? Es ist ein ganzes Meer an Gartenzwergen, mitten im Wald: große, kleine, solche mit Tieren im Arm oder auch in der Hängematte schaukelnd, die man hier entdecken kann. Wie ein großes Wimmelbild, auf dem man immer wieder neue Details findet. Wo hat man jemals so viele Gartenzwerge auf einem Haufen gesehen? Sind diese wetterfesten Plastikzwerge nicht ziemlich aus der Mode gekommen? Hier auf dem Hubhof, einem familiär geführten **Erlebnispark in der Wachau,** jedenfalls nicht. Und auch wenn der Gartenzwerg für viele Erwachsene als das Symbol des Spießertums schlechthin gelten mag: Den Kindern gefällt dieser riesige Zwergerlgarten im Märchenwald.

Der Hubhof liegt ein wenig versteckt hinter Aggsbach Markt in der Wachau bergauf im Wald (bei der Anfahrt immer an den Schildern mit den kleinen Dinos orientieren). Ihn in bekannte Freizeitparkschubladen einzuordnen ist schwierig, denn er hat vieles, was man aus anderen Themen- oder Erlebnisparks kennt. Hier wurden allerlei Attraktionen ziemlich bunt – und, so scheint es, ein wenig willkürlich – zusammengewürfelt.

◀ *Der Dinopark im Hubhof Wachau*

Ein kunterbuntes, sympathisches und teils sichtlich altmodisches Sammelsurium, das ursprünglich 1980 von Fritz Hofbauer eröffnet und im Laufe der Jahre nach und nach erweitert wurde. Begonnen hat alles mit dem Märchenwald mit seinen Schaukästen, in denen Märchen wie „Aschenputtel“ oder „Schneewittchen“ mit viel Liebe zum Detail dargestellt wurden. Auch hier lassen sich zig Details entdecken, wenn man sich die Zeit dafür nimmt.

KARUSSELLS UND EIN KLEINER SCHIEFER TURM VON PISA

Ehe man aber durch den Märchenwald, angenehm im Schatten gelegen, leicht bergauf spaziert, ist man schon – gleich nach dem Eingang – in einer Art Minimundus gewesen. Hier stehen **Modelle von Sehenswürdigkeiten** wie der Schiefe Turm von Pisa. Man fühlt sich aber auch an den Böhmischen Prater in Wien mit seinen nostalgischen Fahrgerätschaften erinnert: Hier auf dem Hubhof gibt es nämlich auch eine Reihe von kleinen Karussells, die sich bestens für Kindergartenkinder eignen.

Daneben kann man mittels Knopfdruck **Züge** in einer kleinen Landschaft im Kreis fahren lassen – Kinder dürfen aber auch in einem flachen Pool **Schaufelradboote** steuern. Und direkt nebenan wird in der Hüpfburg und auf Trampolinen gesprungen: Man probiert hier also schon in den ersten Minuten des Besuchs

Pinocchio im Märchenwald

Ein Mini-Riesenrad (nur) für Kinder

Die alte Sommerrodelbahn wurde zur Kugelbahn.

recht viel aus, dabei ahnt man noch gar nicht, welche Erlebnisse auf dem großen Areal mit seinen Wiesen und Wäldern noch auf einen warten.

UMFUNKTIONIERTE SOMMERRODELBAHN

In Sichtweite ist schon eine grüne, in den Hang gebaute Bahn, die früher zum Sommerrodeln genutzt wurde, mittlerweile dafür aber zu alt ist und zur riesigen **Kugelbahn** umfunktioniert wurde. Kinder lassen Plastikkugeln oben los und laufen die Wiese hinunter neben der Bahn entlang, um zu schauen, welche Kugel weiter rollt. Wieder einmal ein Beweis, dass blinkende, moderne Hightechattraktionen überhaupt nicht notwendig sind, um Spaß zu haben: Eine alte Bahn und Bälle reichen dafür absolut aus.

Geht man rechts von der Kugelbahn weiter bergauf, entdeckt man kleine **Tiergehege,** in denen Kaninchen und erstaunlich zutrauliche Meerschweinchen darauf warten, dass man ihnen das eine oder andere Kleeblatt zusteckt. Das Futter, das man beim Eingang gekauft hat, wird man erst später an die immer hungrigen Ziegen verfüttern. Zunächst aber gelangt man in ein **Zelt,** das sich den **Neandertalern und einigen ausgestorbenen Tieren** widmet. Eine ernste Männerstimme vom Band informiert in Endlosschleife über das Leben damals, während man im dunklen Zelt die Tiere mittels Knöpfen steuern kann. So kann das Mammut seinen

Das Mammut bewegt sich auf Knopfdruck.

Die Hexe mit Hänsel und Gretel vor dem Knusperhäuschen

Kopf nach links und rechts neigen oder auch das Maul öffnen. Dass das Zelt schon vor Längerem konzipiert wurde – und man heute wahrscheinlich auf die Infos vom Band in dieser Form verzichten würde –, stört die Kinder nicht weiter. Man muss ja nicht zuhören, während man die Tiere bewegt oder im Sand nach Fossilien gräbt.

FOSSILIEN IM KNUSPERHÄUSCHEN

Schließlich erreicht man den **Märchenwald:** Vor dem recht großen Knusperhäuschen lockt die böse Hexe gerade Hänsel und Gretel ins Haus. Auf der Rückseite des Hexenhauses entdecken die Kinder eine Tür – man kann also hinein. Dort wartet aber nicht etwa eine weitere Märchenszene, sondern Schaukästen voller Fossilien. Wer hätte das gedacht?

Zwischen den Märchenetappen findet sich auch das sogenannte **Babyland,** ein Spielplatz für die Kleinsten bis etwa drei Jahre, für die es sonst selten ganze Spielplätze mit durchwegs für sie geeigneten Rutschen und Klettergerüsten gibt. Auf dem Weg finden sich aber für die größeren Kinder weitere Fahrgeräte, daneben stehen Bänke und Tische zum Pausemachen und Jausnen.

Ein Spielplatz nur für Kleinkinder – wo gibt es das sonst?

Apropos: Beim Eingang gibt es Eis und Snacks, wer länger bleibt (was durchaus passieren kann), sollte entsprechend Proviant mitnehmen. Oder aber man kauft an der Kassa Würstel, die es auch in der veganen Variante gibt, die man oben bei den Indianerzelten – die gibt es hier auch – selbst am Lagerfeuer grillt.

RIESENSCHACH UND IRRGARTEN

Das ist ziemlich nett, sofern die Kinder so lang stillsitzen: Denn direkt beim Lagerfeuer gibt es eine **Kletterwand,** man kann im Sand nach Steinen suchen oder Gold schürfen. Ältere spielen auf dem **überdimensionalen Schachbrett** eine Partie – oder gleich eine lange Runde **Minigolf.** Den **Dinopark** will man vermutlich auch nicht auslassen – und am anderen Ende warten noch ein kleiner Sagenwald, ein Irrgarten und ein Spielplatz auf die Besucher.

Alle paar Meter gibt es etwas Neues zu entdecken, das aber zum Teil schon etwas in die Jahre gekommen ist. Das stört aber nicht, sondern macht den unverwechselbaren Charakter des Hubhofs aus. Wie auch die Zwerge. Viele, viele Gartenzwerge.

FREIZEITGELÄNDE HUBHOF
Hubhof 54, 3641 Aggsbach Markt
Tel.: +43/(0)2712/241
E-Mail: markushofbauer2@gmx.net
www.hubhof.at

Geöffnet: von Ostersonntag bis Ende Oktober. April, Mai und Juni sowie September und Oktober am Sa, So und feiertags 10 bis 17 Uhr; im Juli und August täglich 10 bis 17 Uhr; Ausgang bis 18 Uhr geöffnet.

Eintritt: Erwachsene und Kinder ab drei Jahre 8 Euro

– 18 –

DIE KITTENBERGER ERLEBNISGÄRTEN

GÄRTEN, RUTSCHEN UND EIN ABENTEUER IN DER RUINE

In Schiltern bei Langenlois warten nicht nur hübsche Gärten und viele Bauernhoftiere auf die Besucher, sondern auch ein richtig guter Abenteuerspielplatz mit Rutschen und Flößen. Nach den Schaugärten kann man noch die Ruine Kronsegg erkunden oder die Modellbahn-Welt Schiltern besuchen.

Im ersten Moment klingt es eher nicht nach einem Programm, für das sich die ganze Familie begeistern kann. Eher die älteren Mitglieder, vor allem jene, die sich gerne mit dem Gärtnern beschäftigen. Die Planung, Gestaltung und Ausrichtung von Gärten, von toskanisch bis Feng Shui, von Gemüse- bis Seerosengarten: Für Kinder ist das eher nichts. Könnte man meinen. Tatsächlich geben die **Kittenberger Erlebnisgärten** in Schiltern bei Langenlois aber in ihrem Namen ein Versprechen ab, das auch wirklich eingehalten wird: Erlebnisgärten, das klingt ein wenig nach Abenteuer statt Rosenhecken, nach Entdecken statt nur Blumen anschauen.

Ausgestattet mit einem Plan, auf dem ein Gartenweg zu den fast 50 verschiedenen Stationen empfohlen wird, kommt man zunächst zum **Toskana.Garten,** der mit seinen Palmen und dem hübschen Springbrunnen gleich ein bisschen Fernweh aufkommen lässt. Man entdeckt eine alte

◄ *Ein Highlight in den Erlebnisgärten: der Rutschenturm*

Bauernstube, dahinter dreht sich ein Mühlrad in einem kleinen Bach. Auch die nahe gelegene Modellbahnwelt Schiltern hat in den Erlebnisgärten eine Station – eine kleine Modellbauwelt mit Zügen – gestaltet.

Eine sehr angenehme kleine Runde, auf der man an zahlreichen Bänken eine Pause einlegen kann, am schönsten vielleicht unter einem kleinen Kugelkirschbaum bei der Windmühle. Für Kinder ist dieser erste Teil vielleicht weniger spannend, auch wenn die Gärten sehr abwechslungsreich sind: Da gibt es seltene Obst- und Gemüsesorten zu entdecken, dort, im Garten des Feuers etwa, lauter rottönige Pflanzen rund um eine Feuerschale.

Ein Stopp beim Bauernhaus mit Mühlrad

BUNTE GARTENVIELFALT

Richtig interessant wird es für Kinder dann beim **tierischen Garten,** in dem es Hasen, Meerschweinchen, Ziegen und einige Alpakas zu sehen gibt. Wer keine Jause mitgenommen hat, kann hier gleich neben den Ställen einkehren und bei naturtrüben Säften und einem Speckbrot auf die Anlage hinunterschauen. Da erspäht man schon jenen Teil der Erlebnisgärten, der Kindern am besten gefallen wird: der **Abenteuer.Garten,** von dem man von hier oben die große Strohpyramide erkennen kann, die sich bestens zum Klettern eignet, oder auch das überdimensionale Mensch-ärgere-Dich-nicht-Brett.

GROSSARTIGE RUTSCHEN

Wer hierhergekommen ist, weil er sich tatsächlich für Gartengestaltung interessiert, sollte mit seinen Kindern einen großen Bogen um den Abenteuergarten machen. Denn neben einigen netten Spielen wie Dosenschießen oder Sackhüpfen wartet, ein wenig im Wald gelegen, ein Spielplatz, den man in dieser Form auf einem Schaugartenareal nicht erwartet hätte.

Kein kleiner liebloser Alibispielplatz, sondern wahrscheinlich einer der besten Spielplätze Niederösterreichs. Für Kinder ab sechs Jahren gibt es hier – die buchstäblich größte Attraktion – eine beeindruckende Rutschenanlage, die ihren Namen **Adrenalin Rutschenturm** durchaus zu Recht trägt. Über viele Stufen geht es hinauf, bevor man auf gleich mehreren unterschiedlich rasanten Rutschen wieder hinuntersausen kann. Dass das nicht nur Kindern gefällt, erkennt man an der hohen Dichte an Erwachsenen auf den silbernen Rutschen. Gleich daneben gibt es einen großen **Wasserspielplatz,** auf dem man bestens einen kleinen Bach stauen – und ganz unten sogar auf zwei Flößen über einen kleinen Teich rudern kann. Ersatzgewand mitzuhaben ist jedenfalls kein Fehler. Nebenher gibt es neben einer Kletterwand auch noch andere Spielgeräte, auch für jüngere Kinder, weshalb man hier durchaus länger hängenbleiben könnte.

Hat man sich von diesem großen Abenteuergarten losgelöst, wird es zwar während des restlichen Besuchs nicht mehr ganz so aufregend, aber immer noch sehr nett: Da wäre etwa die **Kräuterspirale,** angeblich gar die größte der Welt, die man in immer kleiner werdenden Kreisen rund 400 Meter lang hinaufspaziert. Ganze 4000 Kräuter kann man hier entdecken. Auf dem **„Wehwehchen“-Weg** sind sie nach jenen Leiden sortiert angepflanzt, gegen die sie helfen: von Augenleiden (u. a. Schafgarbe, Fenchel) bis Kopfschmerzen (u. a. Anis, Baldrian und Lavendel).

▼ *Auf dem Floß über das Wasser*

▼ *Strohpyramide und Hüpfzelt im „Abenteuer.Garten“*

Auch die Modellbahnwelt Schiltern hat eine Station in den Gärten gestaltet.

Ein paar Meter weiter liegt ein gar nicht so kleiner **Gartenzwerge.Irrgarten,** aus dem man wieder herausfinden soll, das macht Spaß, den Kindern umso mehr, als in jeder Ecke Gartenzwerge in verschiedenen Szenarien – nicht alle jugendfrei allerdings – aufgestellt wurden.

REGENPROGRAMM

Gleich dahinter liegt der **Waldviertler Känguru-Garten,** in dem tatsächlich echte Kängurus leben. Das alles macht natürlich bei schönem Wetter richtig Spaß. Damit sich Besucher aber auch bei Regen in die Kittenberger Erlebnisgärten wagen, hat man sich vor einigen Jahren das **„Rainydays-Programm“** überlegt: Bei einigen der Schaugärten gibt es dann Regenstationen. So kann man im Wintergarten im „Tropfenkino“ Platz nehmen und durch das Glas die Regentropfen beobachten. In der Kräuterhütte kann man an Schlechtwettertagen das kleine „Kräuterhexen 1×1“ erlernen,

Überraschender Anblick: die Kängurus

Kinder (und Erwachsene) bekommen die wichtigsten Kräuter erklärt und können einen geheimen Kräuterzaubertrank verkosten. Wer sich nicht davor scheut, nass zu werden, kann auch die „6 Dinge, die ich bei Regen im Garten immer schon machen wollte“ ausprobieren: einen Regentanz aufführen, einen Regenwurm suchen und ihn in den nächsten Gemüsegarten bringen oder ordentlich in eine Regenlacke springen. Nette Ideen, die einem auch den Ausflug retten, falls man doch vom Regen überrascht wird.

Am Weg nach draußen kommt man an einer weiteren Einkehrmöglichkeit vorbei, einem großen Lokal, das seinem Namen **„GlasHaus!“** gerecht wird, ist es doch dank vieler Glasfronten lichtdurchflutet. Hier gibt es nicht nur Eis und kleine Snacks, sondern auch große Mahlzeiten zu kaufen. Unvermeidlich, dass man kurz vor dem Ausgang durch ein riesiges Gartencenter gehen muss, in dem man sich mit Pflanzen für Balkon und Garten und mit allerlei Zubehör eindecken kann.

Nachtmodus: In der Modellbahnwelt wird es immer wieder dunkel.

MODELLBAHNWELT SCHILTERN

Wer nach den Erlebnisgärten noch Energie hat, hat in der Gegend noch weitere Ausflugsmöglichkeiten: Da wäre etwa die **Modellbahnwelt Schiltern,** die 2017 nur wenige Minuten entfernt im Schloss Schiltern eröffnet hat und nach und nach ausgebaut wird. Für Liebhaber von Miniaturwelten ist diese Attraktion sicherlich einen Abstecher wert, auch Kindern werden die Anlagen gefallen, unter denen sich unter anderem Mininachbildungen von St. Pölten und Teilen Wiens wie dem Schloss Schönbrunn und dem Tiergarten finden, aber etwa auch das Alpenvorland en miniature gestaltet wurde.

Sehr nett: Die Hauptanlage dieses regensicheren Ausflugsziels wechselt zwischen Tag- und Nachtzyklus, es wird zwischendurch immer wieder dunkel, die kleinen Häuser und Züge werden dabei liebevoll beleuchtet. Und natürlich fahren viele Züge.

EINE RUINE ENTDECKEN

Wer lieber noch im Freien bleiben will und Lust auf ein wenig Abenteuer hat (sofern kein Regen in Sicht ist), findet nur wenige Autominuten von den Erlebnisgärten entfernt am Rande des Gföhler Waldes die **Burgruine Kronsegg,** die man auf eigene Faust erkunden kann. Das Auto lässt man unten an der Straße stehen und folgt den Hinweisschildern. Nach etwa zehn Minuten Fußweg bergauf betritt man die alte Burganlage. Personal gibt es hier nicht, Eintritt muss man auch nicht bezahlen, man kann also, so wie man möchte, durch die Ruine spazieren, sich vorstellen, wie sich das Leben auf der vermutlich zu Beginn des 13. Jahrhunderts errichteten Burg früher wohl abgespielt hat. Die Burg, die seit 1928 im Besitz

▼ *Die wunderbar-verwunschene Ruine Kronsegg*

◄ *Wer sich ganz hinaufwagt, wird mit einem tollen Ausblick belohnt.*

der Gemeinde Langenlois ist und unter Denkmalschutz steht, hatte einst mehrere hintereinander angelegte Höfe, die jeweils durch ein Tor gesichert waren, was man sich beim Durchgehen gut vorstellen kann. Sogar auf die beiden Wehrtürme kann man hinauf – für kleinere Kinder ist der Aufstieg allerdings nicht unbedingt geeignet – und wird mit einem wunderbaren Ausblick belohnt.

KITTENBERGER ERLEBNISGÄRTEN
Laabergstraße 15, 3553 Schiltern
Tel.: +43/(0)2734/8228
www.kittenberger.at

Geöffnet: Mitte März bis Ende Oktober Mo bis Sa 9 bis 18 Uhr, Sonn- und Feiertag 10 bis 18 Uhr

Eintritt: Erwachsene 9,90 Euro, Kinder ab vier Jahre 6 Euro, jüngere haben freien Eintritt.

MODELLBAHNWELT SCHILTERN/ SCHLOSS SCHILTERN
Obere Straße 45, 3553 Schiltern
Tel.: +43/(0)2734/8583-423
E-Mail: info@modellbahnwelt-schiltern.at
www.modellbahnwelt-schiltern.at/

Geöffnet: täglich außer Di von 10 bis 18 Uhr

Eintritt: Erwachsene 9,90 Euro, Kinder ab vier Jahre 4,50 Euro, ermäßigter Eintritt mit dem Ticket der Kittenberger Erlebnisgärten

RUINE KRONSEGG
3553 Schiltern
Tel.: +43/(0)2734/2000
www.kronsegg.at

Geöffnet: von Ostern bis Ende Oktober täglich von 9 bis 18 Uhr

Eintritt frei

95

– 19 –

AMETHYSTWELT MAISSAU

SCHATZSUCHER FÜR EINEN TAG

In einer riesigen Sandkiste, die sich Schatzgräberfeld nennt, kann man nach violetten Steinen suchen, später den beeindruckenden weltgrößten Amethyststollen besichtigen und auch sonst eine große Vielfalt an Mineralien und Edelsteinen entdecken.

Die Chancen, dass man hier bald wieder wegkommt, sind eher gering. Einen Ort, an dem man sich schmutzig machen darf, mit Schaufel in der Erde wühlen und dabei mit etwas Glück mehrere schöne violette Steine – Amethyste – ausgraben kann, gibt man als Kind zu Recht nur sehr ungern auf. Keine Frage, für die jungen Besucher der **Amethystwelt Maissau,** etwa 50 Minuten von Wien entfernt, ist das Schatzgräberfeld, in dem man sich im Schürfen versuchen kann, sicher das Highlight des Besuchs, für den man ruhig etwas Zeit einplanen sollte. Das wäre auch ganz im Sinn der Betreiber der Amethystwelt, die sie als Ausflugsziel und nicht nur als Ort der Wissensvermittlung positionieren wollen.

Wobei: Zu erfahren und durchaus auch zu staunen gibt es auch für erwachsene Besucher einiges. Das Highlight dieses Ausflugsziels im Waldviertel ist naturgemäß der **Amethyststollen,** den man allerdings nur im Rahmen einer Führung besuchen kann. Der Stollen ist überhaupt der Grund, wieso das sonst eher unauffällige Maissau vor etwa fünfzehn Jahren ein attraktives Ausflugsziel bekommen hat. Darum geht es auch in dem Kurzfilm gleich am Anfang der Führung, der auch erklärt,

Kinder können hier selbst im Sand nach Amethysten suchen.

wie Amethyste entstehen. Und was diese überhaupt sind: hell- oder dunkelviolette Quarze nämlich, deren Name vom griechischen Wort „amethystos“ abstammt, was „unberauschbar“ oder „nicht betrunken“ heißt. Weshalb die Griechen, aber auch die Römer gerne einen Amethyst bei sich trugen, in der Hoffnung, dieser möge sie vor einem Rausch bewahren.

DAS VIOLETTE BAND

In der Gegend um Maissau wurden immer wieder violett gefärbte Steine gefunden, sie blieben aber weitgehend unbeachtet, bis der Sache in den 1990er-Jahren genauer und wissenschaftlich nachgegangen wurde. Probebohrungen zeigten, dass sich unterirdisch tatsächlich ein ganz außerordentliches Amethystvorkommen befindet. Es in der Folge zum Teil freigelegt und nachträglich überdacht worden – und bildet den heutigen Stollen. Was ihn besonders macht, ist, dass es den Amethyst in dieser Form – als sogenannten Bänderamethyst – weltweit nur selten gibt. In anderer Form, der Geodenform nämlich, kommt er etwa in Südamerika vor.

Bei der Maissauer Attraktion handelt es sich sogar um den **weltweit größten freigelegten Amethystgang.** Als Besucher nähert man sich diesem Stollen über Stufen, dann sieht man im Gestein auch schon das violettfarbene Band, an dem man entlangspazieren kann. Das ist ein ziemlich spektakulärer Anblick, der Groß und Klein gefallen wird. Durch gezielte Beleuchtung wird der Stollen hübsch in Szene gesetzt.

Daneben gibt es auf Schautafeln allerlei Informationen über die Funde, Bohrungen und die Forschungsarbeiten auf dem Areal zu lesen, alle paar Jahre führt etwa die Montanuniversität Leoben in der Nähe wissenschaftliche Grabungen durch. Infos, die für Kinder vielleicht nicht wahnsinnig

◄ *Die violette Färbung ist typisch für den Amethyst.*

Der Amethystgang in Maissau ist der größte der Welt.

interessant sind, dafür entschädigt diese aber hoffentlich der Blick auf das riesige **Amethystband.** Damit Kinder zum Aufpassen und Zuhören animiert werden, kann man sich an der Kassa ein Rätselheft holen, die Führung wird so zur Max-Dachs-Detektiv-Rallye, was sie zweifellos unterhaltsamer macht.

Am Ende des Stollens geht es wieder hinauf und hinaus ins Freie – aber nur kurz. Gleich ein paar Meter weiter wartet das **Edelsteinhaus** auf alle, die wollen. 2012 als weitere Attraktion eröffnet, gibt es hier in der nicht sehr großen, aber sehenswerten Dauerschau eine Vielzahl an Steinen und Kristallen zu bestaunen. Manche Exponate, wie einen recht großen Meteoriten, darf man sogar angreifen. Auch das Edelsteinhaus kann man nur im Rahmen einer Führung besuchen. „Noch eine?", werden da die Kinder vielleicht erstaunt fragen. Ja, noch eine. Für kleinere Kinder könnten zwei Führungen aber durchaus zu lang sein: Immerhin dauert jede etwa eine Stunde. Mit jüngeren Kindern kann man also das Edelsteinhaus durchaus auslassen und sich für einen zweiten Besuch in Maissau aufheben. Dank des Schatzgräberfeldes werden die meisten Kinder wahrscheinlich gerne noch einmal kommen.

Angreifen erlaubt: ein großer Meteorit

Der Besuch im Edelsteinhaus lohnt sich aus Erwachsenensicht durchaus: In den abgedunkelten Räumen kommen die Mineralien aus aller Welt gut zur Geltung. Das Glitzern, das Leuchten, die faszinierende Vielfalt der Mineralien ist beeindruckend. Da gibt es Bergkristalle aus Österreich, einen fast unnatürlich leuchtenden Opal oder den türkis-weißen Amazonit Albit, um nur einige Exponate zu nennen, an denen man vorbeikommt, ehe man in die Räume eintaucht, in denen jedes Jahr eine wechselnde Sonderausstellung stattfindet. 2018 thematisiert eine neue Sonderausstellung mit dem Titel „Opale – das edelste Feuer der Welt" die magische Farb- und Strahlkraft dieser Steine.

AUF SCHATZSUCHE MIT SCHAUFEL, HAMMER, KÜBEL

Auf dem Schatzgräberfeld in Maissau

Wer noch nicht auf dem **Schatzgräberfeld** war, den wird es wohl spätestens nach dem Edelsteinhaus dorthin ziehen. Die Wahrscheinlichkeit, dass hier an einem schönen Wochenendtag Dutzende Kinder sehr begeistert graben, ist sehr hoch. Das Schürfen, das durchaus auch als Erwachsener Spaß macht, ist aber nicht gratis: Man benötigt einen Schürfpass, dafür kann man sich Schaufel, Hammer und Kübel ausleihen – und eine Handvoll der gefundenen Amethyste mit nach Hause nehmen. Kindern ein Gewand anzuziehen, das dreckig werden kann, ist empfehlenswert.

Das Werkzeug zum Schürfen kann man sich ausborgen.

Wer noch nicht genug Steine hat, kann auch im ziemlich **großen Shop** fündig werden. Hier gibt es günstige Steine, die sich die Kinder vom eigenen Taschengeld um ein paar Euro kaufen können, aber auch teurere und auch Schmuckstücke, nicht alle ganz kitschfrei. Der Fokus liegt auf dem Amethyst, aber auch andere Steine sind im Sortiment.

Hat man dann noch Energie, kann man den netten **Spielplatz** gleich beim Parkplatz besuchen. Thematisch mag es zwar nicht unbedingt zu Mineralien und Edelsteinen passen, aber die kürzlich eröffnete **Tiererlebniswelt** gleich hinter dem Spielplatz, in der Kinder Schafe, Ziegen und andere Bauernhoftiere füttern und streicheln können, macht die Amethystwelt noch einmal kindertauglicher. Führungen gibt es das ganze Jahr über, Tiererlebniswelt und Schatzgräberfeld sind allerdings nur von Mitte März bis Oktober geöffnet: Mit Kindern sollte man daher eher in den wärmeren Monaten kommen.

AMETHYSTWELT MAISSAU
Horner Straße 36, 3712 Maissau
Tel.: +43/(0)2958/84840
E-Mail: office@amethystwelt.at
www.amethystwelt.at

Geöffnet: täglich 10 bis 17 Uhr, von Mai bis September bis 18 Uhr; das Schatzgräberfeld ist von Mitte März bis Ende Oktober geöffnet, Führungen in der Regel stündlich.

Eintritt: Kosten für eine Führung (Stollen oder Edelsteinhaus): Erwachsene 11 Euro, Kinder unter sechs Jahre gratis, Kinder bis 15 Jahre 7 Euro; Kombiticket für beide Führungen: Erwachsene 18 Euro, Kinder bis 15 Jahre 10 Euro; Familienkarte (2 Erwachsene, 2 Kinder) für eine Führung: 22 Euro, für beide Führungen 36 Euro; Schürfpass (für eine Stunde): Erwachsene 11 Euro, für Kinder 6 Euro, Familienkarte 22 Euro

– 20 –

DER HELDENBERG

VON FELDHERREN, PFERDEN UND FALKEN

Der „Heldenberg" im Weinviertel birgt vielfältige Attraktionen: Rund um die Gedenkstätte von Feldmarschall Radetzky und das benachbarte Steinzeitdorf tummeln sich Lipizzaner, Geier und Adler. Autofans kommen im Oldtimermuseum auf ihre Kosten.

Der Ausflug beginnt in einer riesigen, gut gekühlten Halle, in der sich das **Koller-Oldtimermuseum** befindet. Liebhaber historischer, schneller und wertvoller Autos wird man nicht so schnell wieder hinausbekommen: Auf mehreren Ebenen kommt man hier so manchem seltenen Exponat sehr nahe. Die Autos sind frei zugänglich, dürfen aber nicht berührt werden, woran sich aber nicht jeder Besucher hält. Als da etwa wären: Bruno Kreiskys Privatauto, ein Rover 3500. Eine Chevrolet-Corvette oder auch diverse komplett restaurierte Rallyeautos, von einem Fiat Ritmo über einen Lancia Delta bis zu einem Ford Escort. Zu den sehenswerten Modellen zählen etwa auch ein Mercedes SL mit Flügeltüren oder ein Kabinenroller von Messerschmitt. Kurios mutet der kleine Benz Motorwagen aus dem Jahr 1886 an, der nur 15 Kilometer pro Stunde schaffte.

Danach geht es ins Freie: Auf verschlungenen Pfaden spaziert man durch den idyllischen englischen Garten, in dessen Mitte sich ein kegelförmiger Aussichtsberg, der sogenannte **„Heldenberg"**, befindet. Angelegt wurde dieser Garten, nachdem Joseph Gottfried Pargfrieder das Schloss Wetzdorf 1832 erworben hatte und später hier die mächtige Gedenkstätte Heldenberg zu Ehren der königlich-kaiserlichen Armee errichten ließ. Pargfrieder belieferte die Armee unter anderem mit Lebensmitteln und

◄ *Herzstück des Heldenbergs: die Gedenkstätte für Feldmarschall Graf Radetzky*

In mehreren Dioramen werden bedeutende Schlachten nachgestellt.

behauptete, ein unehelicher Sohn von Kaiser Joseph II. zu sein. Da er sehr wohlhabend war, beglich er die Spielschulden von Feldmarschall Josef Graf Radetzky – und erkaufte sich damit das Recht, ihn auf dem Heldenberg begraben zu dürfen.

BÜSTEN, GRUFT UND WEISSE PFERDE

Ehe man die Gedenkstätte erreicht, geht es etwa eine Viertelstunde zu Fuß leicht bergauf, weniger Mobile haben die Möglichkeit, mit dem Auto zu fahren. Zunächst wird man im **Radetzkymuseum** über das Leben des Feldherrn informiert, für geschichtlich interessierte Besucher ist das zweifellos spannend, für Kinder vielleicht nicht durchgehend. Begeistern werden die meisten Kinder aber vermutlich die Dioramen, in denen mit Hunderten Zinnsoldaten berühmte Schlachten – wie jene um Aspern gegen die napoleonische Armee – aufwendig nachgestellt werden. Da gibt es viel zu sehen, zig Details zu entdecken.

Vor dem Radetzkymuseum

Durch ein Tor tritt man schließlich ins Freie – und hat sogleich einen beeindruckenden Blick auf die weitläufige **Gedenkstätte.** Zentral vor einem steht der mächtige Obelisk, unter dem sich Radetzkys Gruft befindet, in die man über eine steile Treppe hinabklettern kann. Links und rechts davon sind kreisförmig um zwei Siegessäulen die Büsten von Ordensrittern des italienischen und ungarischen Feldzugs gruppiert. Man sieht hier also viele Büsten – in dem angrenzenden, fast märchenhaften **Park** kommt man dann sogar an noch mehr Büsten mit klingenden Namen wie Trauttmansdorff oder Pálffy vorbei, aber auch – in der „Herrscherallee" – an Statuen diverser Kaiser. Wer sich für Schlachten und Feldzüge interessiert, kommt hier voll auf seine Kosten. Wer gerne durch einen außergewöhnlichen Park spaziert, ebenso. Und für die Kinder ist zumindest der Abstieg in die Gruft spannend.

Nun geht es entweder bergab zu den **Stallungen der Lipizzaner,** die hier seit einigen Jahren ihr Sommerquartier haben: Hier werden Hengste für die Spanische Hofreitschule ausgebildet, die Schulhengste werden aber auch regelmäßig von Wien auf Sommerfrische auf den Heldenberg geschickt. Im Rahmen von Führungen können Besucher die Stallungen besichtigen, den Pferden aber auch beim Training zusehen, ein Pflichtprogramm, wenn man mit pferdebegeisterten Mädchen hierherkommt. Und es ist deutlich weniger touristisch als die Hofreitschule in Wien. Ein kinderwagentauglicher Erlebnisweg führt Familien durch die **Anlage der Lipizzaner,** dazu spaziert man von Station zu Station und beantwortet die Fragen im sogenannten „Pferde(s)pass",

Vor der Löwengruft thront ein Löwe …

… neben vielen Büsten.

Im Steinzeitdorf wird Korn gemahlen und getöpfert.

den es beim Shop gibt. Wer alles richtig hat, bekommt eine kleine Belohnung. Eine sehr kindgerechte Art der Wissensvermittlung, die kleine Kinder vielleicht darüber hinwegtröstet, dass es vorhin bei der Gedenkstätte nicht ganz so aufregend war.

FALKEN UND STEINZEIT-MENSCHEN

Geht man von Radetzkys Gedenkstätte weiter bergauf, gelangt man zur jüngsten Attraktion des Areals: **Aigners Falkenhof**, den man auf eigene Faust erkunden kann. Wer mehr über die rund 20 Greifvogelarten in den Volieren (darunter Steinadler, Gänsegeier, Uhus und Falken) erfahren will, dem sei eine Führung empfohlen. Die Vögel werden hier gepflegt, gezüchtet und teilweise wieder ausgewildert. Jeden Tag gibt es zudem Flugvorführungen,

die etwa eine Dreiviertelstunde dauern, immer wieder auch Falkner-Workshops, auch für Kinder, nur gegen Voranmeldung.

Gerade der Falkenhof samt benachbartem **Steinzeitdorf** (das Gebiet um den Heldenberg war schon in der Jungsteinzeit besiedelt, woran das nachgebaute Dorf erinnert) ist wahrscheinlich jener Teil des Heldenbergs, der junge Besucher am meisten begeistern wird. An den Wochenenden ist hier auch viel los: Mit Animateuren können Kinder Korn mahlen, töpfern oder Bogenschießen. Dafür sollte man ausreichend Zeit einplanen. Gastronomisch versorgt wird man in der Falkenhofschenke. Unten beim englischen Garten gibt es zudem ein Café mit zeitloser Karte (Toast Hawaii!), von der Terrasse aus kann man mit etwas Glück den einen oder anderen Specht beobachten.

HELDENBERG VERMARKTUNGS- UND BETRIEBS GMBH
Wimpffengasse 5, 3704 Kleinwetzdorf
Tel.: +43/(0)2956/81240
E-Mail: office@derheldenberg.at
www.derheldenberg.at

Geöffnet: Heldenberg April und Oktober 9 bis 17 Uhr, Mai bis September 9 bis 18 Uhr.
Die **Lipizzaner** und **Koller's Oldtimer-Museum** sind auch von November bis März an den Wochenenden (9 bis 17 Uhr) zu besichtigen. Detaillierte Infos: siehe Website

Eintritt: Einzelkarte für eine der Erlebniswelten: Erwachsene 6,50 Euro, Kinder unter 5 Jahre gratis, ab 5 Jahre 4 Euro; Familienkarte (2 Erwachsene, bis zu 3 Kinder): 14 Euro.
Es gibt zahlreiche Kombikarten für die Attraktionen, siehe Website.

– 21 –

WILDPARK ERNSTBRUNN

WOLFSGEHEUL, STEINBÖCKE UND KLETTERN WIE DIE SPINNEN

Die Wölfe hört man schon aus der Ferne, sie sind aber nicht die einzigen Bewohner im Wildpark Ernstbrunn in den Leiser Bergen, die man auf ausgedehnten und bisweilen etwas steilen Spazierwegen entdecken kann. Auch Steinböcke, Esel und gar nicht schüchterne Sikahirsche leben hier.

Malerisch, dieses überstrapazierte Wort – man kommt ihm hier fast nicht aus. Und das schon auf dem kurzen Weg vom Parkplatz zum Eingang des Wildparks, unter mächtigen Eichen entlang, die ein paar Sonnenstrahlen durchlassen. Irgendwo plätschert ein Bach und die Vögel zwitschern.

Keine Frage, im Wildpark Ernstbrunn, nur 40 Kilometer von Wien entfernt, im Naturpark Leiser Berge gelegen, taucht man, sofern man aus der Großstadt anreist, in eine andere Welt ein. Wunderbar altmodisch schon die alte **Holzhütte** am Eingang, an der man den Eintritt bezahlt und sich ein Sackerl Futter mitnimmt, mit dem man einige der Tierarten im Wildpark füttern kann.

Wie es sich für einen Wildpark gehört, kommt man auf der leichten Wanderung durch die Anlage fast nur an heimischen – oder zumindest europäischen – Tierarten vorbei. Exotischen Tieren, nur um keine falschen Erwartungen zu wecken, wird man hier nicht begegnen. Ein Schönbrunner Tiergarten ist das hier nicht, auch nicht Hellbrunn in Salzburg und das ist auch gut so: Gerade als Stadtbewohner mit Jahreskarte

◄ *Hier leben zahlreiche Tierarten, wie dieser neugierige Hausesel.*

im Hietzinger Tiergarten ist einem der Anblick von Tigern, Pandabären oder Elefanten mittlerweile ja tatsächlich vertrauter als jener eines Rotwilds oder einer Gams.

Insofern bietet der Wildpark eine nette Abwechslung. Die Gehege fügen sich links und rechts des phasenweise recht steilen Spazierwegs in die Landschaft, zwischendurch, wenn ein paar Meter entfernt ein Reh durch das Gebüsch läuft, vergisst man beinahe, dass hier Zäune und ganz selten auch Glasscheiben Besucher und Fauna trennen. Gleich zu Beginn warten links am Zaun die neugierigen Hausesel und lassen sich die Stirn kraulen. Sie teilen ihr weitläufiges Gehege mit Hausschafen und Hausziegen, die träge in der Sonne liegen. Ein paar Meter weiter kommen rechts die Ungarischen Zackelschafe mit ihren seltsam gedrehten langen Hörnern.

Viel Platz für die Kinder am Spielplatz

KEIN VERGLEICH MIT ÜBERLAUFENEN ZOOS

Da ist auch schon der nette **Kinderspielplatz** in Sichtweite, auf dem gerade eine Schulklasse Pause macht. Die Tiere ringsum – Hängebauchschweine, Frettchen, Kaninchen – scheinen sich am Kinderlärm nicht zu stören. Lauter als hier wird es im ganzen Wildpark nicht mehr sein: Ruhig und entspannt ist der Besuch, kein Vergleich zu den überlaufenen Zoos der Großstädte, in denen man sich an Schönwettertagen mitunter vor manchem Gehege anstellen muss, um einen mittelmäßigen Blick auf die Tiere zu bekommen. Manchmal spaziert man hier in Ernstbrunn auch durch eine kleine Waldstrecke ganz ohne Gehege, sieht aber vielleicht den einen oder anderen Specht. Außerdem erkennt man auch nicht bei jedem Gehege sofort, welche Tierart hier zu Hause ist. Auf der steilen Felswand, auf der Gämsen leben, entdeckt man mitunter kein einziges der Tiere, die wohl – gut so – ausreichend Rückzugsräume haben.

Auch Steinböcke gibt es in Ernstbrunn.

Den Sikahirschen kommt man ganz nah.

An den Steinböcken mit ihrem prächtigen Gehörn vorbei geht es weiter bergauf, Hinweisschilder warnen die Besucher, dass die nächste Etappe etwas anstrengender werden könnte. „Die lange Variante des roten Rundwegs ist steil und steinig", ist da zu lesen. Wer will, kann eine einfachere Route wählen – je nach Rundweg braucht man eine Dreiviertelstunde bis eine Stunde, um den ganzen Wildpark zu durchwandern; die Zeit, die man vor den Gehegen verbringt, nicht mitgerechnet.

Apropos steil: Wer mit kleinen Kindern kommt, sollte den Kinderwagen, wenn es die Kondition der Kinder erlaubt, im Auto lassen. Die Wege sind nicht nur zu steil, um den Kinderwagen zu schieben, sie sind auch nicht asphaltiert, sondern recht steinig. Gelegenheiten, unterwegs auf Holzbänken und -tischen zu rasten, gibt jedenfalls genügend, beim Würstelstand „Hexenhütte" findet man eine kleine Auswahl an Snacks. Immer wieder kommt man am Weg auch an Schildern vorbei, auf denen Fragen stehen, die die Kinder zu den verschiedenen Tierarten beantworten können.

WÖLFE UND HUNDE

Hat man sich für den roten Rundweg entschieden, kommt man zu dicht bewaldeten Gehegen hinter hohen Zäunen: Hier leben auf einem großen und für die Besucher nicht durchwegs einsehbaren Areal mehrere Wölfe. „Das hab ich im Fernsehen gesehen", sagt ein älterer Besucher zu seiner Frau, „die tun da mit Wölfen forschen."

Genau. Konkret ist im Wildpark Ernstbrunn auch das **„Wolf Science Center"** untergebracht, in dem Wissenschaftler rund um Kurt Kotrschal und Friederike Range seit einigen Jahren Wölfe und Hunde mit der Hand

Mit etwas Glück entdeckt man einen der Wölfe.

aufziehen und ihr Verhalten erforschen. Samstags und sonntags gibt es empfehlenswerte Führungen, die den Besuchern mehr Einblick in die Wolfforschungsstation bieten. Diesen kann man sich ohne Voranmeldung und ganz spontan anschließen. Über die Website kann man auch **spektakuläre Programme** buchen – wie einen Rudelbesuch samt Sicherheitsseminar, allerdings muss man dafür mindestens 18 Jahre alt sein und sehr früh dran sein, da diese Termine sehr begehrt sind. Für Erwachsene, die sich für Tierfotografie interessieren, könnten die **Fotoshooting-Workshops** interessant sein, die es das ganze Jahr gibt und bei denen man lernt, Hunde und Wölfe in der Natur zu fotografieren.

Aber auch ohne Führung im „Wolf Science Center" bekommt man als (geduldiger) Besucher den einen oder anderen Wolf zu sehen. Ihr charakteristisches Heulen hat man schon weiter unten im Wildpark vernommen, nun erkennt man, im Schatten und im recht hohen Gras, zwei Tiere, die in der Wiese liegen. Gegenüber, in einem weiteren Gehege, laufen zwei Wölfe, anmutig, stolz und ein bisschen nervös – vielleicht sind sie hungrig? – auf und ab. An den Besuchern auf der anderen Seite des Zauns scheinen sie kein besonderes Interesse zu haben.

Das „Wolf Science Center" vermittelt Wissen über diese faszinierenden Tiere.

Ein paar Minuten weiter steht man plötzlich, ohne Zaun dazwischen, auf einer Wiese mit den Sikahirschen, die ein wenig scheu, aber doch neugierig genug sind, um sich streicheln und sehr geduldig fotografieren zu lassen.

VERWUNSCHENER SCHLOSSGARTEN

Wer nach dem Wildpark noch ein paar Minuten Zeit hat, kann einen Abstecher zum **Schloss Ernstbrunn** machen, das man vom Wildpark aus, auf einem Felsen thronend, aus der Ferne gesehen hat. Vorbei an einem imposanten und fast unheimlich wirkenden verlassenen Schütthaus geht es eine lange schöne Allee entlang zum Schloss, das heute im Besitz der Fürstenfamilie Reuss steht. Das Innere des Schlosses, dessen ältester Teil aus dem Mittelalter stammt, ist nur bei bestimmten Veranstaltungen wie dem Kammermusikfestival „Con Anima“ zugänglich. Dafür entschädigt aber der verwunschene **Barockgarten.**

WILDPARK ERNSTBRUNN
Dörfles 48, 2115 Ernstbrunn
Tel.: +43/(0)2576/2785
E-Mail: fuehrungen@wolfscience.at (Besucherprogramme);
info@wolfscience.at (allgemein)
www.wildpark-ernstbrunn.at oder wolfscience.at

Geöffnet: im Sommer (Palmsonntag bis Allerheiligen) von Dienstag bis Sonntag 9 bis 17 Uhr. Im Winter nur sonn- und feiertags von 10 bis 16 Uhr. Im Wildpark ist auch das Wolf Science Center angesiedelt, das Führungen anbietet.

Eintritt: Erwachsene 6,40 Euro, Kinder 3,90 Euro; Führung Wolf Science Center: Erwachsene 7,50 Euro, Kinder ab 6 Jahre 4,50 Euro

Öffi-Anreise: von Floridsdorf mit der Buslinie 533 Richtung Phyra bis „Dörfles bei Ernstbrunn Wildpark“

– 22 –

FOSSILIENWELT WEINVIERTEL IN STETTEN

DAS WELTGRÖSSTE FOSSILE AUSTERNRIFF VOR DEN TOREN WIENS

Mit coolen Effekten wird das fossile Austernriff im Weinviertel fast lebendig. Dank Urzeit-App und 3D-Brille wird der Ausflug für Kinder noch unterhaltsamer, ehe sie selbst im Sand nach fossilen Haifischzähnen und Perlen graben können.

Man darf sich von der wenig einladenden Umgebung, die so gar nicht auf ein nettes Ausflugsziel hindeutet, nicht abschrecken lassen. Ehe man nämlich das Ziel erreicht, geht es erst einmal von der S1 kommend vorbei an großen, fensterlosen Lagerhallen. Die richtige Abzweigung könnte man auch leicht verpassen, wäre da nicht der auffällige, orange Aussichtsturm in Schneckenform auf dem Hügel, der als Orientierung dient. Für die Lage hinter einem Industrieviertel – aber, großes Plus, sehr nah bei Wien – kann die **Fossilienwelt Weinviertel** in Stetten natürlich nichts, ist es doch nun einmal so, dass genau hier ganz erstaunliche Fossilien gefunden wurden, darunter das weltweit größte fossile Austernriff der Welt: die größte Attraktion der Fossilienwelt.

◄ *Beeindruckende Lichteffekte auf dem imposanten fossilen Austernriff*

Für einen Ort wie die Fossilienwelt, die unvorstellbar alte Dinge zeigt, ist dieser laut Eigendefinition „Themenpark“ eine recht junge Geschichte: Erst 2009 wurde die Fossilienwelt im Weinviertel eröffnet, nachdem auf dem Teiritzberg jahrelang die bisher größte je in Österreich durchgeführte paläontologische Grabung stattgefunden hatte. 650 verschiedene Tier- und Pflanzenarten haben die Wissenschaftler, die hier tätig waren und es noch immer sind, dank der Funde nachweisen können. Von all dem erfährt man als Besucher im Zuge einer Führung, die zwar nicht verpflichtend ist, sich aber empfiehlt. Denn die erwähnten Riesenaustern in ihrem Riff bekommt man nur während der Führungen zu sehen, die **Touren** werden mehrmals täglich angeboten und sind im Eintrittspreis inbegriffen.

▲ *Eine Zeitleiste bringt den Besuchern die Erdgeschichte in Kurzform näher.*

3D-BRILLE FÜRS HANDY

Los geht es zunächst im Freien. Auf dem in der warmen Jahreszeit hübsch blühenden Hügel hinter dem Besucherzentrum wird die Erdgeschichte anhand einer **46 Meter langen Zeitleiste** quasi im Schnelldurchlauf nachgezeichnet. Den Menschen, das wird am Ende dieser kleinen Einführung, die die Vermittlerin recht kurzweilig und auch für Kinder interessant gestaltet, deutlich, nehmen auf den 46 Metern nur 1,8 Zentimeter ein.

An dieser Zeitleiste, die man gemütlich entlangspaziert, bietet sich auch zum ersten Mal beim Besuch die Möglichkeit, die kostenlose **Urmeer-App** auszuprobieren, mit der die Fossilienwelt den Besuch vor allem, aber nicht nur für Kinder anschaulicher, spannender und moderner machen will. Wer die App auf seinem Smartphone installiert hat – am besten schon zu Hause downloaden –, kann sich an der Kassa die dazugehörige **3D-Brille** ausleihen, mit dem Kauf der Eintrittskarte werden die Erlebnisstationen für das Handy freigeschaltet.

Dank 3D-Brillle wird das Smartphone zu einer Art Minikino.

Die Leihbrille setzt man aber anders als im Kino bei 3D-Filmen nicht selbst auf, man steckt sie auf sein Smartphone, das so zum tragbaren 3D-Minikino wird. Immer wieder stößt man auf dem Gelände auf sogenannte Erlebnispunkte (QR-Codes), an die man kurz sein Smartphone hält: Schon sieht man durch die Brille auf seinem Handy Dinos, die scheinbar um einen rundherum laufen oder Krebse, die auf sandigem Boden links und rechts von einem spazieren. Immer wieder bieten diese kleinen **Virtual-Reality-Szenen** ein nettes zusätzliches Erlebnis. An einer anderen Stelle ist es ein Alligator, von denen im Urmeer im Korneuburger Becken vor 16,5 Millionen Jahren viele lebten, dann wieder Haie, denn auch die gab es hier. Blickt man vom Mini-3D-Kino auf und schaut sich um, scheint es unvorstellbar, dass hier Tierarten wie Delfine gelebt haben, die wir heute vor allem aus tropischen Gegenden kennen. Dieses Zusatzangebot mag ein wenig von der Führung ablenken, für Kinder ist es natürlich eine sehr spannende Sache. Und auch den Erwachsenen macht das sichtlich Spaß, ist Virtual Reality im Museumsbereich doch noch relativ neu. Für Kenner von Virtual-Reality-Spielen freilich ist die 3D-App wahrscheinlich nicht besonders spektakulär, für alle anderen aber sehr wohl.

Teils findet die Führung auch in Innenräumen statt, in denen mehrere kurze Filme Einblick in die Arbeit der Forscher am Gelände geben, aber auch ausführlich zeigen, wie es vor 16,5 Millionen Jahren im Korneuburger Becken ausgesehen hat. Eine Liste an einer Wand mit allen lateinischen Namen der hier gefundenen Tier- und Pflanzenarten zeigt, wie vielfältig das Leben hier einst gewesen ist. Am Ende der Tour gelangen die Besucher schließlich zum Höhepunkt: dem **Austernriff** in einer großen Halle. 15.000 Riesenaustern sind hier in dem dunklen Raum auf dem Riff zu sehen, die ein eindrucksvolles Muster ergeben. Kleine Kinder sollte man vorwarnen, dass es gleich ziemlich dunkel wird. Die Besucher stellen sich am Geländer auf, dann wird es noch dunkler und eine Multimediashow beginnt, die auf die Austern projiziert wird und in der das Leben zur Zeit des Urmeers in Animationen noch einmal nacherzählt wird. Durch die unterschiedlichen Lichtprojektionen und Tiere, die über die Austern zu schwimmen oder zu wandern scheinen, wirkt es fast so, als wären die fossilen Riesenaustern noch lebendig: ein gelungenes In-Szene-Setzen des eigentlich sehr starren Riffs.

Zum Abschluss geht es noch durch einen kleinen Schauraum, in dem einige Exponate zu sehen sind: Darunter die **weltgrößte fossile Riesenperle,** die ebenfalls hier im Korneuburger Becken gefunden wurde oder auch der Schädel eines Delfins, aber auch zahlreiche Schnecken- und Muschelfossilien sowie fossile Zähne von Haien. Die Schau ist nicht riesig, weshalb sie auch Kinder nicht überfordern wird.

Nach Perlen und fossilen Haifischzähnen buddeln

NACH HAIFISCHZÄHNEN UND PERLEN SUCHEN

Das Ende der Führung muss aber noch nicht das Ende des Besuchs in der Fossilienwelt sein. Wer eine Pause braucht, kann sich in der netten Cafeteria stärken. Danach könnte man noch einen kleinen Spaziergang über das Gelände unternehmen: An Hinweistafeln vorbei, an denen Kinder auch Quizfragen beantworten können, geht es hinauf zum eingangs erwähnten orangen **Aussichtsturm,** dessen Form der ebenfalls hier in Stetten nachgewiesenen Turmschnecke Turritella gradata nachempfunden ist. Oben hat man einen Ausblick bis zu den Leiser Bergen auf der einen und in Richtung Bisam- und Kahlenberg auf der anderen Seite.

Gleich darunter liegt ein ziemlich **netter Spielplatz mit einer sehr langen Rutsche.** Noch spektakulärer für die Kinder ist freilich die **Sand-**

bucht, in der man nach (echten!) fossilen Haifischzähnen und Perlen graben kann, Schaufel und Sieb können hier ausgeliehen werden. Das Buddeln kostet freilich extra, macht aber wirklich Spaß. Zumal die Chance, hier tatsächlich mit einem Zahn oder einer Perle heimzugehen, hoch ist. Sollte man nichts finden, darf man sich etwas aus der Schatzkiste aussuchen. Da man aber natürlich die jungen Besucher nicht enttäuschen will, ist die Sandbucht in der Regel sehr gut mit fossilen Schätzen ausgestattet.

Fossilien wurden in der Gegend übrigens schon im 19. Jahrhundert gefunden. Systematisch dokumentiert wurden diese Funde aber lange nicht. Erst 1975 begannen die „Freunde der Mineralien und Fossilien" mit der Dokumentation. Ab 2008 – und nach langen Vorarbeiten – begannen die Ausgrabungsarbeiten am Austernriff. In 15.000 Arbeitsstunden wurde das Riff freigelegt, dabei wurden auch noch zahlreiche andere Muschel- und Schneckenarten entdeckt. Beteiligt waren neben 40 Wissenschaftlern aus unterschiedlichen Fachrichtungen auch 200 freiwillige Helfer. Angeblich ist dieses Naturdenkmal sogar das am besten wissenschaftlich bearbeitete Becken der Welt. Ab 2009 war das Austernriff dann für Besucher zugänglich, heute ist es mit den zusätzlichen Angeboten, dem **Café und dem Shop** ein interessantes Ausflugsziel. Und all das hinter Lagerhallen. Wer hätte das gedacht!

FOSSILIENWELT WEINVIERTEL
Austernplatz 1, 2100 Stetten
Tel.: +43/(0)2262/62409
E-Mail: office@fossilienwelt.at
www.fossilienwelt.at

Geöffnet: 15. April bis 31. Oktober, Di bis So 10 bis 17 Uhr, letzter Einlass: 15:30 Uhr; montags Ruhetag. Führungen wochentags 15 Uhr, Führungen Wochenende und Feiertag: 10:30, 12:00, 13:30, 15:00 Uhr

Eintritt: Erwachsene 16,50 Euro, Kinder bis 16 Jahre freier Eintritt; Karte für das Suchen in der Bucht (30 Min.): Erwachsene 6,50 Euro, Kinder 4,50 Euro, Familienkarte (2 Erwachsene und bis zu drei Kinder) 15 Euro

Öffi-Anreise: Mit der Schnellbahn S3 bis Bahnhof Korneuburg, dann weiter mit dem IST-Mobil, einem regionalen Sammeltaxi bis Haltestelle Fossilienwelt

– 23 –

SCHLOSS RUEGERS UND BURG HARDEGG

EIN GEIST IM SCHLOSS UND EINE RIESIGE ALTE BURG

Mit etwas Glück wird man von einem echten Grafen durch Schloss Ruegers geführt – und besichtigt dabei auch jenen Raum, in dem es immer noch spuken soll. Eine kurze Autofahrt weiter kann man dann die mächtige Burg Hardegg erkunden.

Ja, das ist ein echter Graf. Einer mit sieben oder acht Vornamen, genau weiß er es selbst nicht, sagt er, und ein sehr junger noch dazu. Tatsächlich ist Octavian Graf Pilati mit Ende zwanzig einer der jüngsten Schlossherren des Landes und mit etwas Glück – oder wenn man rechtzeitig auf die Website schaut – wird man bei einer der Führungen sogar von ihm persönlich durch **Schloss Ruegers** geführt. Seit 2017 ist Pilati, den die meisten im kleinen Ort Riegersburg nur „Herr Graf" nennen, offiziell Herr über das Schloss und die Burg Hardegg im Waldviertel. Das Schloss, das er von seiner Mutter Francesca Gräfin Pilati übernommen hat, benannte er gleich einmal um. Ein sehr ungewöhnlicher Schritt, wie oft bekommt eine uralte Institution – das Schloss wurde immerhin schon 1290 das erste Mal urkundlich erwähnt – schon einen neuen Namen? Der Graf, der seine beiden Attraktionen in den nächsten Jahren neu auf- und das bisherige Konzept auf den Kopf stellen will, hat für den neuen Namen allerdings gute Gründe.

◄ *Die imposante Burg Hardegg im Waldviertel*

Zum einen, weil man nun sein Schloss nicht mehr mit der gleichnamigen Riegersburg in der Oststeiermark verwechseln kann, was in der Vergangenheit nicht nur regelmäßig zu fehlgeleiteter Post geführt hat, sondern auch zu Besuchern, die bei der „falschen" Riegersburg gelandet waren. Nun steht das Schloss freilich immer noch in Riegersburg im Waldviertel, heißt aber nun Ruegers – ein Name, der sich in alten Urkunden findet, was mit ein Grund für die Umbenennung war.

Octavian Graf Pilati führt immer wieder durch sein Schloss.

Ein altes Schloss, ein neuer Name, ein guter Grund also, die Fahrt, die von Wien aus allerdings deutlich über einer Stunde liegt, auf sich zu nehmen, oder? Definitiv, wenn auch eher für Familien mit etwas älteren Kindern, sehr kleine wird das Schloss mit dem hübschen Schlossteich wahrscheinlich nicht sehr lange beeindrucken. Zudem muss man den Besuch genau timen: Die **(verpflichtende) Führung gibt es nur einmal am Tag,** sie dauert etwa eine Stunde.

FAHRPRÜFUNGEN IM FESTSAAL

In den verschiedenen Räumen erfährt man vieles über die lange Geschichte des Schlosses, das seit 1730 im Besitz der Familie des heutigen Schlossherrn steht. Damals kaufte es nämlich der hohe Staatsbeamte und Landeshauptmann von Kärnten, Sigismund Friedrich Reichsgraf von Khevenhüller, und ließ das damals schon in die Jahre gekommene Wasserschloss zu einem prunkvollen Barockschloss umbauen.

Besonders macht die Führungen, dass man dabei auch sehr persönliche Geschichten über das Schloss und seine Besitzer hört, die einem sonst verborgen geblieben wären. So erfährt man, dass im größten Raum des Schlosses, dem **Festsaal,** wo heute immer wieder Konzerte stattfinden, einst Fahrprüfungen abgenommen wurden. Unvorstellbar, aber wahr.

Schloss Ruegers

Nach dem Zweiten Weltkrieg, als die Grafenfamilie längst geflohen war (und der größte Teil der Einrichtung zerstört oder geraubt wurde), war das Schloss nämlich von den Russen besetzt, die hier die Fahrprüfungen durchführten. Mit einem Jeep mussten die Anwärter über die prunkvolle Stiege hinauf in den ersten Stock fahren und dort im Festsaal eine Runde im und eine Runde gegen den Uhrzeigersinn drehen.

GEIST DES VORFAHREN

Mit Augenzwinkern wird die Führung auf der Website nicht nur mit den Prunk- und Wohnräumen sowie dem **Schlossgarten** beworben, sondern auch mit der Aussicht, „eventuell Schlossgeister" zu treffen. Letzteres macht das Ganze natürlich für Kinder recht aufregend. In einem der Schlafgemächer, so die Legende, soll es nämlich heute noch spuken. Immer wieder sei hier morgens das Bett sichtlich benutzt gewesen, der Polster eingedrückt, die Decke durcheinander, obwohl niemand im Raum genächtigt hatte. Wie Octavian Graf Pilati erklärt, wird vermutet, dass hier sein Vorfahre Johann Carl Khevenhüller (1839–1905) spukt. Auch wenn ein männlicher Nachfahre geboren wird, zeige er sich der Familie und begutachte das neugeborene Kind im Bett, erzählt Octavian Graf Pilati. Und wirkt dabei so überzeugend, dass man auch als rational denkender Mensch, der so gar nicht an Übersinnliches glaubt, fast geneigt ist, ihm zu glauben. Der Graf selbst ist jedenfalls von der Geistergeschichte überzeugt, da ihm bislang keine andere bessere oder wissenschaftliche

In diesem Raum soll ein Vorfahre des Schlossherrn spuken.

Im Schlossgarten befand sich einst der größte Hundefriedhof im deutschsprachigen Raum.

Erklärung untergekommen ist und sich auch Vermutungen, ein Tier hätte das Bett durchwühlt, immer als falsch erwiesen haben. Und einmal, als eine Gruppe Geisterjäger hier war, sei die Temperatur schlagartig um elf Grad gesunken, was wiederum für einen Geist spreche, der als endothermisches Wesen die Wärme anziehe.

Kleinen Besuchern wird bei diesen Geschichten wohl ein Schauer über den Rücken laufen. Für Mutige gibt es auf Anfrage für Gruppen auch **Geisterführungen** mit Taschenlampen, die auch in den Keller und auf den Dachboden, die sonst nicht zugänglich sind, führen.

Besagter Johann Carl Khevenhüller, der hier noch als Geist spuken soll, war es auch, der mit seiner Frau einen eigenen Friedhof für ihre zahlreichen Hunde anlegen ließ, der als größter im deutschsprachigen Raum galt. Heute ist davon nicht mehr viel zu sehen, da die Grabsteine ebenfalls im Zweiten Weltkrieg verschwanden, eine kleine Ansammlung an alten Grabsteinen im Garten erinnert aber noch daran.

MARIA THERESIA WAR ZU BESUCH

Auch die enge Verbindung der Familie zu Kaiserin Maria Theresia (1717–1780), die hier auch zu Besuch war, wird thematisiert. Nicht nur durch die beiden Kommoden, die Schenkungen der Kaiserin an die Familie waren. Auch in Tagebucheinträgen seines Vorfahren Johann Joseph von Khevenhüller-Metsch (1706–1776), der am Wiener Kaiserhof zahlreiche hohe Positionen innehatte, finden sich viele Geschichten über Maria Theresia.

Etwa, dass sie in der Fastenzeit vorgab, sich auszuruhen, tatsächlich aber in einem Geheimzimmer heimlich Schweinsbraten aß. Auch ein Gemälde von Maria Theresias Mutter Elisabeth Christine von Braunschweig-Wolfenbüttel ist auf Schloss Ruegers zu sehen. Es gelangte in den Besitz der Familie, da Johann Josephs Ehefrau Karolina Metsch engen Kontakt zum kaiserlichen Hof hatte.

Der heutige Graf verbrachte seine Kindheit auf Schloss Ruegers, wo er schon als Schüler Führungen durch das Schloss machte. Nach Jahren auf einem Internat in England kehrte er nach Österreich zurück. Heute studiert er in Wien Maschinenbau, lebt aber immer wieder auch auf Ruegers, allerdings nicht im Schloss selbst, sondern in einem Nebengebäude. Er möchte die Besucherfrequenz im Schloss und auf der Burg Hardegg erhöhen, als eine der ersten Maßnahmen hat er die Führungen neu konzipiert und die Eintrittspreise gesenkt. Auch verschiedene Programmpunkte wie die **Fledermausnacht,** bei der die Besucher (auch Kinder) abends die Fledermäuse, die beim Schlossteich nach Insekten jagen, beobachten, sollen Gäste anziehen.

Hier findet sich Interieur aus verschiedenen Epochen.

RITTERSAAL UND FAMILIENGRUFT

Nach dem Besuch im Schloss bietet sich noch ein kleiner Abstecher – etwa zehn Autominuten weiter – nach **Hardegg** an, wo die Burg, die ebenfalls seit Jahrhunderten im Familienbesitz steht, besichtigt werden kann. Wenn in den Pressetexten steht, dass die Burg „majestätisch auf einem Felsen über der Stadt thront", klingt das ein wenig dick aufgetragen – das bewahrheitet sich allerdings, wenn man sich der Burg nähert. Ganze 600 Meter Umfang misst die Burg Hardegg, sie ist eine der imposanteren, die es im Land zu sehen gibt. Und eine der unbekannteren: Die meisten Touristen kommen aus dem nahen Tschechien, Österreicher besuchen die

Die imposante Burganlage

Auch die Innenräume können besichtigt werden.

Burg – zu Unrecht – noch viel zu selten. Mit Kinderwagen kommt man auf der mächtigen Anlage – anders als davor auf Schloss Ruegers – allerdings nicht weit.

Beeindruckend ist vor allem der riesige **Rittersaal.** Die ein wenig altmodisch anmutende Ausstellung ist Kaiser Maximilian gewidmet, der hier auch beerdigt hätte werden sollen. Für Kinder ist die Ausstellung nicht übertrieben spannend, die Burg als solches hat aber viele Nischen

und Ecken zum Entdecken zu bieten. Schade, dass man nicht in die Familiengruft kann, Graf Pilati denkt aber darüber nach, Touren zu organisieren, die auch in die Gruft führen. Hardegg selbst ist mit etwa 80 Einwohnern übrigens die kleinste Stadt Österreichs (die eingemeindeten Orte nicht mitgezählt) und hat heute mehr Häuser als Einwohner.

WILDKATZEN IM NATIONALPARK

Eine weitere Ausflugsmöglichkeit gleich in der Nähe von Schloss Ruegers ist der **Nationalpark Thayatal,** in dem es von Ostern bis in den Spätherbst an den Wochenenden Führungen gibt, den man aber auch selbst erkunden kann. Wer eine längere Tour plant, sollte sicherheitshalber einen Ausweis dabeihaben: Die Wege führen teils über die Grenze nach Tschechien. Zahlreiche Programmpunkte – wie so oft gegen Voranmeldung – sind speziell auf Kinder und Familien ausgerichtet, wie kleine **Wanderungen in Eltern-Kind-Gruppen** an den Wochenenden. Oder die **Wildkatzen-Nachtwanderungen,** die sich an sich eher an Erwachsene richten – es gibt aber eigenen Termine für Kinder. Am Ende gibt es ein Schaufüttern der beiden Wildkatzen Frida und Carlo. Die beiden kann man (tagsüber) mit etwas Glück auch vom großen Schaufenster im Nationalparkhaus beobachten.

SCHLOSS RUEGERS
Riegersburg 1, 2092 Riegersburg
Tel.: +43/0)664/2145855
E-Mail: office@schlossruegers.at
www.schlossruegers.at

Geöffnet: Mai, Juni, September und Oktober: Sa und So, Führung jeweils um 14 Uhr, Juli und August: Führung täglich um 14 Uhr

Eintritt: siehe Infos Homepage, zur Zeit der Drucklegung noch in Arbeit

BURG HARDEGG
Hardegg Stadt 38, 2082 Hardegg
www.burghardegg.at

Geöffnet: April und Oktober: Sa, So und Feiertage von 10 bis 17 Uhr, Mai, Juni und September täglich von 10 bis 17. Uhr; Juli und August täglich von 10 bis 18 Uhr

Eintritt: Erwachsene 7,50 Euro, Kinder von 6 bis 16 Jahre 4 Euro

Öffi-Anreise: mit dem Zug nach Retz und vor dort mit dem Regionalbus 875 zum Schloss, Station „Riegersburg Schloss" bzw. zur Burg Hardegg bis zur Station „Hardegg Burg"

NATIONALPARK THAYATAL
Nationalparkhaus, 2081 Hardegg
Tel.: +43/(0)2949/7005
www.np-thayatal.at
Öffnungszeiten und weitere Informationen siehe Homepage

– 24 –

MOUNTAINCART-FAHREN AUF DER GEMEINDEALPE BEI MITTERBACH

MIT DEM CART KILOMETERLANG INS TAL

Auf der Gemeindealpe wartet nach einer Fahrt mit dem Sessellift die weltgrößte Mountaincart-Flotte auf mutige Familien. 4,5 Kilometer geht es auf den leicht zu steuernden Fahrzeugen bergab. An heißen Tagen bietet der nahe gelegene Erlaufsee Abkühlung.

Natürlich kann man auch einfach hinunterwandern, ganz traditionell. Oder aber man ist ein bisschen abenteuerlustig, schnappt sich ein Mountaincart – salopp gesagt eine Art tiefergelegtes Dreirad – und fährt, je nach Mut, Lust und Laune, schnell oder halbwegs gemächlich hinunter ins Tal.

Die **Gemeindealpe in Mitterbach am Erlaufsee** in Niederösterreich ist von Frühling bis Herbst ein dankbares Ausflugsziel, für das man allerdings etwas mehr Fahrtzeit als eine Stunde in Kauf nehmen muss. Gerade auch für Menschen, die nicht unbedingt lange wandern, trotzdem aber eine wunderbare Aussicht genießen und Bergluft schnuppern wollen, eignet sich das Mariazellerland für einen Tagesausflug. Auch mit Kindern, die ein bisschen mehr Abenteuer mögen, als bloß durch Wälder und Berge hinauf oder hinunter zu gehen.

Das Auto parkt man gleich gegenüber von der Talstation, sofern man nicht in St. Pölten in die Mariazellerbahn gestiegen und auf dieser histo-

◄ *Viel lustiger als zu Fuß gehen: mit dem Mountaincart die Gemeindealpe hinunterfahren.*

Im Terzerhaus kann man sich stärken.

Helm und Sonnenbrille auf: los geht's!

rischen Bahnstrecke bis nach Mitterbach gefahren ist. Der Weg hinauf auf den Berg ist dabei sehr entspannt, außer natürlich für sehr Motivierte, die den ganzen Weg zu Fuß gehen wollen. Alle anderen bringt ein Vierersessellift von der Talstation auf rund 800 Metern Seehöhe auf knapp 1300 Meter zur Mittelstation, zehn Minuten dauert die Fahrt bergauf. Von der Mittelstation führt dann ein Zweiersessellift ganz hinauf auf die **Gemeindealpe.** Wer sich nicht gleich mit dem Mountaincart bergab stürzen will, sollte die weiteren 15 Minuten idyllischer Fahrt bergauf auf jeden Fall einplanen. Schon der Weg hinauf bietet einen wunderbaren Ausblick: Schaut man links über die Schulter, sieht man den großen Erlaufsee, ringsum Berge, Berge, Berge. Ganz oben wartet auf Kinder ein netter **Spielplatz,** direkt beim **Terzerhaus,** das vor ein paar Jahren neu eröffnet wurde und entsprechend modern daherkommt. Der Ausblick ist sowohl von der Terrasse als auch vom verglasten Innenraum fantastisch.

LOS GEHT ES BEI DER MITTELSTATION

Dann geht es wieder bergab, bis zur Mittelstation, auch hier gibt es mit dem **„s' Balzplatzerl"** – nein, den Namen muss man nicht lustig finden – eine kleine Gaststube für Trink- und WC-Pausen. Wie es sich am Berg gehört, ist man hier mit den netten Herren vom **Mountaincart-Verleih** ausnahmslos per Du. Sie helfen einem dabei, den richtigen Helm und das richtige Mountaincart zu finden. Da hier mit 125 Carts die größte Mountaincart-Flotte der Welt steht, gibt es diese in diversen Ausführungen. Das kleinste eignet sich schon für Kinder ab acht Jahren (sofern sie über 1,40 Meter groß sind), jüngere Kinder fahren vor den Eltern sitzend in einem größeren Cart mit – sofern sie mindestens vier Jahre alt sind: Jüngere Kinder dürfen aus Sicherheitsgründen noch nicht mitfahren. Erwachsene können auch mit einem „Monsterroller" bergab fahren – dabei handelt es sich um einen Roller mit breiten Reifen, auf dem man stehend bergab fährt.

Eine kurze Einführung, dann geht es los. Ein bisschen fühlt man sich wie in dem alten Nintendo-Spiel „Super Mario Kart", wenn man das erste Mal in dem Mountaincart ziemlich nah am Boden hinter der Lenkstange sitzt. Die Carts haben vorne einen kleineren, hinten zwei bulligere Reifen und lassen sich leicht und problemlos lenken und bremsen. Das schaffen vermutlich auch schon Achtjährige. Ob man ihnen die Fahrt hinunter dennoch alleine zutraut, ist eine andere Frage. Zwar sind die Wege meist breit, es gibt auch an vielen Kurven Sicherheitsnetze, zwischendurch aber auch ungesicherte Stellen. Wer auf Nummer sicher gehen will, nimmt sich ein größeres Cart und setzt das Kind vor sich.

EINKEHRTIPP

Gasthof „Zum Sessellift"
Familie Grabner
Seestraße 26, 3224 Mitterbach
Tel.: +43/(0)3882/2693
E-Mail: ghgrabner@ready2web.net
www.gemeindealpe.at/
a-gasthof-zum-sessellift

Die Fahrt hinunter ist, ein großer Pluspunkt, mit 4,5 Kilometern eine ungewöhnlich lange – und macht richtig Spaß. Speziell, wenn man sich nach den ersten Minuten voller Konzentration entspannt, zurücklehnt und sich nach und nach mehr Tempo zutraut. Und gerade, als man glaubt, man sei schon unverschämt schnell unterwegs, wird man von zwei jungen Männern in abartig rasantem Tempo überholt.

▼ *Die Mountaincarts gibt es in verschiedenen Größen.*

ETWAS HOLPRIG GEHT ES HINUNTER

Ein Helm – ihn bekommt man mit dem Cart – ist bei der Fahrt sowieso Pflicht. Eine Sonnenbrille ist empfehlenswert, auch wenn

Das Cart lässt sich leicht lenken und bremsen.

das Wetter keine erfordern würde: Staub und Steinchen könnten einem sonst in die Augen geraten. Wer keine mithat, kann sich an der Kassa eine Einwegbrille kaufen. Während der Talfahrt gibt es recht viele Kurven, alle sind auch für unerfahrene Cartfahrer gut bewältigbar. Zwischendurch wird es aber durchaus holprig – für Menschen mit Rückenproblemen könnte das Angebot also weniger geeignet sein. Richtig steil wird es so gut wie nie, im Gegenteil: Zwischendurch geht es auch recht flach dahin. Wer also sehr vorsichtig fährt und zu viel bremst, muss mitunter absteigen und schieben – und das macht nicht wirklich Spaß. Auch in den letzten Kurven vor der Talstation sollte man nicht zu stark bremsen, sonst muss man die paar Meter vor den Augen der anderen Cartfahrer mühsam zu Fuß absolvieren.

Auf der Gemeindealpe gibt es unweit der Bergstation übrigens auch drei **Startplätze für Para- und Hängegleiter.** Gut möglich also, dass man, während man selbst auf dem Cart sitzt, in der Luft noch wagemutigere Menschen den Berg hinabsegeln sieht. Wem es hier gefallen hat: Ende Oktober gehen die Mountaincarts in die Winterpause, ab Anfang Dezember geht, sofern es die Schneelage ermöglicht, die Skisaison los.

KLARER SEE MIT GUTER SICHT

Wer von der Fahrt mit dem Mountaincart hungrig geworden ist, findet bei der Talstation mit dem Gasthof Grabner eine weitere Einkehrmöglichkeit. Wem eine Fahrt nicht genug war, der kann sich gleich wieder beim Sessellift anstellen. In den warmen Monaten empfiehlt sich davor oder danach ein Stopp beim **Erlaufsee,** einer wunderschönen, wenn auch kühlen Bademöglichkeit, nur wenige Minuten mit dem Auto entfernt. Rund 8000 Quadratmeter Sandstrand und 5000 Quadratmeter Liegewiesen stehen an diesem sehr malerischen Gebirgssee kostenlos zur Verfügung. Für das

Parken muss man allerdings zahlen, ebenso wie für die Benutzung der WC-Anlagen. Wer sich nicht nur ordentlich abkühlen will, kann sich hier auch ein **Tret- oder Elektroboot** ausborgen und über den See tuckern. Und dabei tief hinabschauen, ist der Erlaufsee doch ein außergewöhnlich klarer See mit guter Sicht, in etwa das Gegenteil vom Neusiedler See.

Tipp: Diese Ausflugsideen lassen sich auch bestens mit dem **Weißen Zoo Kernhof** und der **Sommerrodelbahn in Türnitz** kombinieren *(siehe Tour 25)* – alles geht sich allerdings an einem einzigen Tag nicht aus. Wer ein ganzes Wochenende bleiben will: In der Gegend gibt es auch zahlreiche Übernachtungsmöglichkeiten wie das Terzerhaus auf der Alm oder den Gasthof „Zum Sessellift" (siehe Einkehrtipp).

Blick auf den kühlen und wunderschönen Erlaufsee

BERGBAHNEN MITTERBACH GMBH
Seestraße 28
3224 Mitterbach am Erlaufsee
Tel.: +43/(0)3882/41720
www.gemeindealpe.at

Mountaincart: im Mai und Oktober Sa, So und Feiertage, im Juni zusätzlich Do und Fr; von Mitte Juni bis Ende September täglicher Betrieb 9 bis 17 Uhr

Kosten Mountaincarts plus Sessellift: Erwachsene 21 Euro, Kinder bis 14 Jahre 12 Euro

Öffi-Anreise: von St. Pölten mit der Mariazellerbahn bis zur Station „Mitterbach"

– 25 –

DER EIBL JET IN TÜRNITZ UND DAS KAMELTHEATER WEISSER ZOO KERNHOF

IN DER BUNTEN RODEL BERGAB UND DANN ZU DEN WEISSEN TIGERN

RODELBAHN **KERNHOF**

Es ist eine recht rasante und lustige Fahrt auf der Rodelbahn in Türnitz, die Rodeln lassen sich leicht steuern, von vorne hört man die Jugendlichen begeistert kreischen. Später geht es noch weiter in den Weißen Zoo Kernhof mit seinen ungewöhnlichen Raubtieren.

Man wird ordentlich in den Sitz gedrückt, so steil geht es bergauf in der Sommerrodel, auf zwei schmalen Schienen. Ziemlich aufregend, aber man ist ja zum Glück angeschnallt und wird auch im gemächlichen Tempo hinaufgezogen. Die Fahrt hinunter ins Tal wird nicht ansatzweise so steil, zum Glück, aber natürlich deutlich schneller. Für Familien, die Geschwindigkeit mögen und einen Berg auf einer kurvenreichen Strecke hinuntersausen wollen, ist die **Sommerrodelbahn Eibl Jet** in Türnitz im Mostviertel, etwa 40 Kilometer südlich von St. Pölten gelegen, ein sehr guter Tipp. Familienmitgliedern, die nicht so sehr auf einen Adrenalinkick aus sind, sei gesagt: Man kann auch langsam fahren, zumindest wenn auf der Strecke nicht allzu viel los ist.

◄ *Die Sommerradelbahn Eibl Jet im Mostviertel*

Bergab in der blitzgelben Rodel

Die Bedienung ist tatsächlich so leicht, dass eine kurze Einführung reicht. Zieht man an den Hebeln, wird die Rodel langsamer, lässt man die Hebel wieder los, beschleunigt man. Alles klar, schon kann es losgehen. Kinder ab vier Jahren dürfen mit einem Elternteil in der Rodel mitfahren – Kind vorne, Erwachsener hinten. Ob die Fahrt freilich für jeden Vier- oder Fünfjährigen geeignet ist, ist eine andere Frage: Aber als Eltern weiß man schon ungefähr, ob die Kinder das Wilde lieben oder eher nicht. Ab einer Körpergröße von 125 Zentimetern oder einem Alter von acht Jahren dürfen Kinder auch alleine mit dem Eibl Jet fahren.

Ein paar Minuten also wird man gemächlich hinaufgezogen, dann geht es mit einer ersten Rechtskurve auch schon bergab. Abstand zum Vordermann halten, Bremsen loslassen und langsam rollt man auf der Rodel in die erste Kurve. Zuerst noch vorsichtig.

Die Besucher werden in den Rodeln bergauf gezogen.

Bei der ersten Fahrt irritieren auch die vielen Schilder und Warnhinweise, die an so gut wie jeder Kurve angebracht sind: „Bremsen!“ steht da, oder auch „Nicht stehenbleiben!“. In mancher Kurve liegt man mit der Rodel ganz schön schief, aber auch wenn es sich fast so anfühlt: Rausfliegen kann man hier dank der Gurte nicht, mit der Rodel auf der Seite hinunterkippen auch nicht. Die Gruppe Jugendlicher, die vor einem auf den Berg gezogen wurde, ist in ihren Rodeln schon längst nicht mehr zu sehen, nur ihr begeistertes Kreischen dringt einem aus der Ferne ins Ohr, und ja, spätestens bei den sehr steilen Kurven, den Wellen, dem kleinen Sprung, den man in der Rodel macht und unten beim Kreisel kreischt man auch selbst ein bisschen mit. Teils fährt man auf der 2004 errichteten Konstruktion über einer Kuhweide, teils durch Wälder und über Wiesen.

Natürlich ist das alles ziemlich schnell, aber auch die eher vorsichtigen und ein bisschen skeptischen Teilnehmer müssen einräumen: Das hat ziemlich viel Spaß gemacht. Noch einmal also? Aber sicher doch. Auf der zweiten Fahrt fühlt man sich schon viel wohler, ist auch nicht mehr durch die vielen Hinweisschilder abgelenkt und kann die Fahrt noch mehr genießen. Für Familien, deren Kinder von derartigen Abenteuern nicht genug bekommen, empfiehlt sich der Fünferblock, es gibt auch einen Zehnerblock. Und wenn der Regen kommt, ist das auch nicht so schlimm: Auf die **Rodeln kann bei Schlechtwetter** ein durchsichtiges Plastikdach montiert werden, sodass einem auch der Regen nichts anhaben kann. Das sieht nicht ganz so lässig aus, geht aber zur Not auch.

ZOO, THEATER, SHOW: VON ALLEM ETWAS

Wer sich beim Rodeln nicht komplett verausgabt hat, kann nur einige Autominuten von Türnitz entfernt noch das **Kameltheater und den Weißen Zoo Kernhof** besuchen, man sollte dafür allerdings mindestens eineinhalb Stunden einplanen. Diesen privat geführten Zoo im kleinen Ort Kernhof kennen viele zumindest dem Namen nach: Zoodirektor Herbert Eder ist jemand, den man „ein Original" nennt. Fotos von Eder mit Jungtieren, besonders den für den Weißen Zoo so bekannten weißen Tiger, von denen es im Jahr 2017 gleich acht Junge gab, sieht man immer wieder in Zeitungen. Man weiß eigentlich nicht so genau, was diese in einen Berghang gebaute Attraktion eigentlich alles sein will: Zoo? Theater? Show? Nun, von allem etwas, und von Ersteren, den Zootieren, gibt es recht viele.

„Kameltheater Kernhof" steht jedenfalls auf dem großen Schild, durch das man auf dem Weg zum Eingang spaziert. Vorbei an Plakaten, die davon erzählen, welche Prominenten hier schon zu Gast waren und den Tieren in den Shows ihre Stimmen leihen: Waterloo, Peter Rapp, Alexander Bisenz. Aber dazu später ...

Der Zoo in Kernhof ist bekannt für seine weißen Tiger.

VIELE TIERE MIT HELLEM FELL

Es geht hier fast die ganze Zeit leicht bergauf, anstrengend ist das aber nicht unbedingt, da man ohnehin alle paar Meter stehen bleibt und in eines der Gehege schaut. Wieso dieser privat geführte Tiergarten „Weißer Zoo" heißt, wird bald klar: Viele der Tiere, die hier leben, sind tatsächlich weiß oder zumindest sehr hell, wenn auch nicht alle Albinos sind. Die bekannten **weißen Tiger** etwa. Ihr weißes Fell und ihre eisblauen Augen sind Resultat eines

Auch andere weiße Tiere wie das Bennett-Känguru und die Schneeeule leben hier.

Gens, das nur bei den Bengal-Tigern vorkommt und das für diese helle Färbung sorgt. In freier Natur sind sie nicht überlebensfähig, in Kernhof sind sie zum Markenzeichen des Zoos geworden, immer wieder gibt es Nachwuchs. Die entzückenden Babys freilich bleiben nicht alle hier, sondern werden nach einer gewissen Zeit an andere Zoos vergeben.

Wer die weißen Tiger sehen will, muss allerdings extra zahlen: Das große Gehege der Tiere ist nicht im normalen Zooeintrittspreis inbegriffen (außer man nimmt gleich das teurere Ticket, das zusätzlich auch den Eintritt ins Kameltheater beinhaltet). Der Zutritt ist nur zwei Mal täglich zu bestimmten Zeiten im Rahmen einer **Informationsschau** möglich. Von einer Art lang gestrecktem Balkon kann man die prächtigen Tiere dann sehen, Direktor Eder erzählt dabei von der Haltung und den Besonderheiten der prächtigen Raubtiere.

Aber auch sonst gibt es allerlei Tiere im Weißen Zoo zu entdecken, wie die herzigen Benett-Kängurus, die tatsächlich Albinos sind, oder die schönen Schneeeulen. Auch viele Raubtierarten, die man in anderen Tiergärten nicht oder nur sehr selten sieht, findet man hier. Wie den Karakal, eine (nicht weiße) afroasiatische Wildkatze, deren Ohren an den Luchs erinnern. Den Nebelparder, eine sehr seltene Raubtierart, die es nur in wenigen Tiergärten gibt. Oder die Schneeleoparden, die man – sehr ungewöhnlich – von oben durch eine Glasscheibe beobachten kann.

ABARTIG SCHNELL UNTERWEGS

Beliebt bei den Besuchern sind die wilden Berberaffen, die, wenn sie nicht gerade abartig schnell durch ihr Gehege klettern, ihre kleinen Händchen durch die Gitterstäbe strecken, in der Hoffnung, von den Besuchern etwas zu fressen zu bekommen. Oft mit Erfolg: Trotz der riesigen Warnschilder („Hände weg! Affen beißen!") und der Bitte, die Tiere nicht zu füttern, stecken viele Besucher den Affen etwas zu.

Rast kann man in einem sehr urigen Lokal machen, das sich **„Don Kamelo"** nennt und in dem es Bier der Marke „Kamelbräu" gibt. Überhaupt sind (Wort)Witze hier an jeder zweiten Ecke zu finden, wie auch sonst allerlei Dinge – wie eine Sammlung US-Autokennzeichen oder eine kurze Himalaya-Show in einer Art Mini-Tibet –, die mit einem Zoo nicht viel zu tun haben. Im Restaurant gibt es kleinere und größere Snacks von Schinken-Käse-Toast bis Gulaschsuppe, die Klassiker eben. Von der teils überdachten Terrasse aus hat man einen guten Blick auf einige Gehege.

Für kleine Kinder gibt es eine an Skurrilität kaum zu überbietende kurze **„Comic-Bären-Show"**, die etwa 20 Minuten dauert. Einige Plastikbären und ein Elch, die vor vielen Jahren sicher einmal sehr modern waren, tanzen dabei zu seltsam-altmodischen Liedern. Dazwischen wird vom Band eine leicht moralisierende Geschichte eingespielt, in der Zoodirektor Eder und einige Prominente den Tieren ihre Stimme leihen und den Kindern einiges über den Umweltschutz vermitteln wollen. Den ganz jungen Besuchern wird das in den meisten Fällen gefallen, für ältere Kinder ist es eher kein geeignetes Unterhaltungsprogramm mehr.

Täglich wird im Kameltheater eine Show gezeigt.

KOSTÜMIERTE KAMELE

Wer glaubt, dass er damit schon den ungewöhnlichsten Teil des Ausflugsziels gesehen hat, irrt. Da wäre nämlich noch das namensgebende **Kameltheater,** in dem tatsächlich einige Kamele in einer orientalischen Kulisse und kostümiert auf der Bühne stehen. Die Tierpfleger füttern die Tiere dabei ständig, durch die Kaubewegungen sieht es also so aus, als würden die Kamele sprechen, während Stimmen vom Band eingespielt werden und ein etwa 50-minütiges Stück spielen. Eines davon heißt „Ich bin ein Star" und macht sich über Castingshows lustig. Der Humor trifft wahrscheinlich nicht den Geschmack eines jeden, viele Besucher finden aber an der Show Gefallen. Als Abschluss des Besuchs könnte man, wieder vorbei am Gasthaus Don Kamelo noch hinauf zur **Sepp-Forcher-Aussichtswarte** – benannt nach dem ORF-Moderator, der hier einmal zu Besuch war. Der kleine Weg bergauf wird mit einer schönen Aussicht belohnt.

Tipp: Die beiden Ausflugsziele lassen sich je nach Zeit auch mit dem Mountaincart-Fahren auf der Gemeindealpe oder einem Besuch beim Erlaufsee kombinieren *(Tour 24)*. Alle vier Ziele wird man an einem einzigen Tag allerdings nicht schaffen.

EIBL LIFTE TÜRNITZ
Eiblstraße 12a, 3184 Türnitz
Tel.: +43/(0)2769/8245
www.tuernitz.at

Geöffnet: Mitte Juni bis Anfang September täglich von 9 bis 18 Uhr, Ende April bis Mitte Juni sowie Mitte September bis Anfang November nur an Wochenenden, Feier- und Fenstertagen von 9 bis 18 Uhr. Details siehe Homepage.

Kosten: 1 Fahrt Erwachsene 5,50 Euro, Kinder 3 Euro; Fünferblock: 25 Euro (Erwachsene), 14 Euro (Kinder); Zehnerblock: 50 Euro (Erwachsene), 27 Euro (Kinder)

KAMELTHEATER UND WEISSER ZOO KERNHOF
Kamelplatz 1, 3195 Kernhof
Tel.: +43/(0)2768/20020
E-Mail: office@kameltheater.at
www.kameltheater.at

Geöffnet: Juli bis Anfang September, täglich 10 bis 18 Uhr. April bis Juni, September bis Anfang November nur an den Wochenenden und Feiertagen von 10 bis 18 Uhr.

Eintritt: Tageskarte: Erwachsene 12 Euro, Kinder (drei bis zwölf Jahre) 5,90 Euro
All-inclusive-Karte (Eintritt, Kameltheater, Himalaya-Show, Bären-Comic plus weiße Tiger): Erwachsene 22,50 Euro, Kinder 11,90 Euro

© Carolina Frank

DIE AUTORIN

Mirjam Marits wurde 1979 in Graz geboren. Sie studierte Anglistik und Amerikanistik und war ab 2000 als freie Mitarbeiterin bei der „Kleinen Zeitung“ in Graz tätig. Seit 2007 ist sie Redakteurin im Chronikressort und Kolumnistin bei der Tageszeitung „Die Presse“. Die Mutter einer Tochter fährt sowohl privat als auch beruflich gerne raus aus der Stadt.

DER FOTOGRAF

Clemens Fabry wurde 1970 in Wien geboren. Der Vater eines Sohnes begann schon in früher Kindheit, sich mit Fotografie zu beschäftigen. Seit 2001 ist er Fotograf bei der Tageszeitung „Die Presse“ und wurde 2007 und 2010 als „Pressefotograf des Jahres“ ausgezeichnet.

Gemeinsam testen sie für die Serie „Stadtflucht“ in der „Presse am Sonntag“ regelmäßig Ausflugsziele.

Bildnachweis
Alle Fotos Clemens Fabry, außer: **6 o. l., 44:** Nationalpark Donau-Auen/Kovacs;
40, 41 (2): NaLeLa/Brigitte Baldrian; **48:** Nationalpark Donau-Auen/Antonicek;
58 r.: St. Martins Lodge/Leander Khil; **62, 67 u. (2):** Burg Forchtenstein/Andreas Hafenscher

Übersichtskarte: Birgit Mayer/Extraplan,
basierend auf © OpenStreetMap contributors (openstreetmap.org)

Stand der Internetlinks und Kontaktadressen: Jänner 2018
Alle Angaben in diesem Buch wurden sorgfältig recherchiert und überprüft,
erfolgen aber ohne Gewähr.

STYRIA
BUCHVERLAGE

Wien – Graz – Klagenfurt

ISBN 978-3-222-13584-2

Coverfotos: Clemens Fabry, außer: Rückseite ganz oben (Burg Forchtenstein/Andreas Hafenscher) und unten links (Nationalpark Donau-Auen/Antonicek)
Covergestaltung: Emanuel Mauthe
Buchgestaltung und Layout: Daniela Vogl | KettnerVogl – GrafikDesign
Lektorat: Elisabeth Wagner

Druck und Bindung: DZS Grafik
Printed in the EU

7 6 5 4 3 2 1